Hardegg
Retz
Retzer Land
Deinzendorf
Pulkau
Haugsdorf
Dietmannsdorf
Seefeld-Kadolz
Mailberg
Laa a.d.Th.
Kirchstetten
Drasenhofen
Falkenstein
Herrnbaumgarten
Staatz
Poysdorf
Eggenburg
W E I N V I E R T E L
Prinzendorf a. Z.
Asparn a.Z.
Mistelbach
Maissau
Hollabrunn
Mühlbach a. Manhartsberg
G.C.Schloß Schönborn
Ernstbrunn
Jedenspeigen
Sulz i.Weinviertel
Museumsdorf
ß i.St.
Heldenberg
Großweikersdorf
Kreuttal
Matzen
Prottes
S L O W A K E I
Stockerau
Kreuzenstein
Leobendorf
A 22
Korneuburg
Enzersfeld
Wolkersdorf
Angern
Kirchberg a.W.
Bisamberg
Langenzersdorf
Strasshof
Safaripark
Gänserndorf
Kierling
Tulln
Gerasdorf
erg-Reidling
Atzenbrugg
Michelhausen
Tulbing
Kloster-
neuburg
Deutsch Wagram
M A R C H F E L D
Marchegg
Tulbinger Kogel
494 m
Schloßhof
Gablitz
Purkersdorf
G.C.Schönfeld
Niederweiden
hbrunn
W I E N E R -
Wien
Gr. Enzersdorf
Neulengbach
Tullnerbach
Kirchstetten
Preßbaum
Eichgraben
Orth a.D.
Eckartsau
Hainburg
St.Christophen
W A L D
Schwechat
Nationalpark Donau-Auen
Petronell B.D.-Altenburg
Altlengbach
Kaltenleutgeben
Vösendorf
Archäologischer Park Carnuntum
Perchtoldsdorf
Leopoldsdorf
A 4
Wienerwald
Brunn a.G.
Achau
Höflein
Prellen-
kirchen
Seegrotte
Hinterbrühl
M.Enzersdorf
Himberg
Göttlesbrunn
Rohrau
Klausen-
Leopoldsdorf
Brand-Laaben
A 21
Mödling
Laxenburg
Ebergassing
Bruck a.d.L.
Alland
Heiligen-
kreuz
Guntramsdorf
Gumpoldskirchen
Mayerling
Pfaffstätten
Kaumberg
Baden
Traiskirchen
Altenmarkt a.d.T.
Ramsau
Mannersdorf a.L.
Hocheck
1037 m
Bad Vöslau
Ebreichsdorf
Seibersdorf
Kottingbrunn
Berndorf
Leobersdorf
A 3
Unterberg
1342 m
Enzesfeld-
Lindabrunn
S t e i e r m a r k
A 2
Gutenstein
Winzendorf-
Muthmannsdorf
Wr.Neustadt
Hohe Wand
1132 m
Hohe Wand
Grünbach a.S.
St.Egyden
S 4
Schneeberg
2076 m
Puchberg a. S.
Lanzenkirchen
S E M M E R I N G
Erlach
Neunkirchen
Prigglitz
Ternitz
Reichenau
a.d.R.
Payerbach
Seebenstein
Grafenbach-
St.Valentin
Scheiblingkirchen-
Warth
Breitenstein
Gloggnitz
Raach
Schwarzenbach
S 6
Semmering
Schottwien
Feistritz
Grimmenstein
Otterthal
Hirschenkogel
1323 m
Trattenbach
Kirchberg a.W.
A 2
St.Corona a.W.
Aspangberg-
St.Peter
Aspang Markt
Wechsel
1743 m
Mönichkirchen
Zöbern
Kirchschlag
i.BW.
Krumbach
Bad Schönau
e r m a r k
Legende
Gewässer
Ort
Bezirkshauptstadt
Bundesstraße
Autobahn
Flughafen
Burg, Schloß
Stift
Naturpark
Kur / Gesundheit
Golfplatz
Casino

Wegen
der Gegend

Für Imma

Literarische Reisen
durch Niederösterreich

Wegen der Gegend

Herausgegeben von Barbara Higgs
und Wolfgang Straub

Fotos von Paul Albert Leitner
und Jo Pesendorfer

Eichborn.

Inhalt

Vorwort 9

Der Semmering und sein Umland 11

Semmering

Johann Gottfried Seume: Spaziergang nach Syrakus..... 12
Peter Rosegger: Als ich das erstemal
auf dem Dampfwagen saß 14
Peter Rosegger: Die neue Sommerfrische
auf dem Semmering.. 16
Heimito von Doderer: Die Wasserfälle von Slunj 17
Peter Altenberg: Im Jänner, auf dem Semmering 19
Arthur Schnitzler: Das weite Land 21
Karl Kraus: Die letzten Tage der Menschheit 23

Thalhof (Reichenau)

Robert Musil: Brief an Johannes von Allesch 25
Robert Musil: Aus dem Tagebuch 27

Foto aus: Exkurs über das Reisen, 1991 ff. Original in Farbe.
Courtesy: Galerie Fotohof, Salzburg und Galerie Faber, Wien.

Puchberg am Schneeberg, Trattenbach
Reinhard Priessnitz: Der Lehrer Ludwig Wittgenstein.. 27
Schneeberg
Josef August Schultes: Ausflüge nach dem Schneeberge 30

Der Wienerwald 33

Gutenstein
Ferdinand Raimund: An Gutenstein 34
Berndorf
Arthur Krupp: Rede an die Schulkinder 37
Baden
Peter Altenberg: Baden bei Wien im Frühling 39
Rüdiger Görner: Badener Etüden 41
Heiligenkreuz
H. C. Artmann: Brief 43
Klosterneuburg
Reinhold Schneider: Winter in Wien 45
Kierling
Franz Kafka: Brief an die Eltern.......................... 46

Entlang der Westbahn und in die Voralpen 49

Amstetten, Pöchlarn
Jutta Schutting: Reisefieber................................ 50
Paulus Hochgatterer: Über die Chirurgie 51
St. Pölten
Paula von Preradović: Sonett auf das
Sankt-Pöltener Land 52
Kirchstetten
Josef Weinheber: Kirchstetten 53
W. H. Auden: Pfingstsonntag in Kirchstetten 56
Franz Nabl: Voralpen 59
Lunz
Albert Drach: Lunz 61

Die Donau 65

Karl-Markus Gauß: Der übernationale Fluß 66
Pöchlarn
Das Nibelungenlied 68
Wachau
Gertrud Fussenegger: Das große Ensemble:
Die Wachau 70
Dürnstein
Heinrich Heine: König Richard 73
Frances Trollope: Briefe aus der Kaiserstadt 74
Krems
Claudio Magris: Vineta an der Donau 75
Carnuntum
Zbigniew Herbert: An Marc Aurel 78
Marchfeld
Gerhard Fritsch: Moos auf den Steinen 79

Das Weinviertel 83

Stockerau
Nikolaus Lenau: Schilflieder 84
Mühlbach am Manhartsberg
Josef Misson: Da Naz 85
Retzer Land
Josef Haslinger: Der Tod des Kleinhäuslers Ignaz Hajek .. 88
Deinzendorf
Friederike Mayröcker: WÄSCHE, SELIG GEMACHT ... 90
Pulkau
Alois Vogel: Pulkauer Aufzeichnungen 92
Prinzendorf
Hermann Nitsch: Ordensregeln 94

Das Waldviertel 97

Eduard Mörike: Mozart auf der Reise nach Prag 98
Robert Hamerling: Die schönste Gegend der Erde 100

Greillenstein
Franz Grillparzer: Brief an die Mutter 102

Gegend um Horn
Friedrich Anton von Schönholz: Traditionen zur Charakteristik Österreichs 104

Gmünder Grenzland
Robert Menasse: Schubumkehr 107

Zwettl
Peter Härtling: Zwettl – Nachprüfung einer Erinnerung 110
Elfriede Jelinek: Die Ausgesperrten 112

Autoren- und Quellenverzeichnis 115
Adressen und Hinweise 124
Fotonachweis 128
Danksagung, Impressum 128

Maibaum in Kirchstetten

Vorwort

Menschen, die unter Reisen verstehen, sich auf ein Land einzulassen, die Lust darauf haben, mit Schriftstellern Neues zu entdecken, sollen in diesem literarischen Reiseführer durch Niederösterreich einen spannenden Begleiter finden.

Sie werden mit W.H. Auden die kleine Gemeinde Kirchstetten im westlichen Wienerwald besuchen, wo der große englische Lyriker 16 Sommer verbrachte und auch begraben liegt. (Er verliebte sich bereits bei seinem ersten Besuch in die idyllische Gegend. Und auch die Bedingung für seine Ortswahl – ein erstklassiges Opernhaus in der Nähe zu haben – war in Kirschstetten erfüllt). Sie werden erleben, daß die Bahnfahrt über den Semmering noch genauso atemberaubend ist, wie sie Heimito von Doderer in »Die Wasserfälle von Slunj« schildert. Und sie werden neben vielen Liebeserklärungen – wie zum Beispiel an das Waldviertel »als der schönste Fleck der Erde« – auch kritischen, zornigen und traurigen Bemerkungen über Land und Leute begegnen.

Die Verknüpfung von Literatur und Reisen liegt auf der Hand: Keine andere Kunstgattung beschreibt die Landschaft, das Wesen, den Charakter und die Kultur eines Landes so einfühlsam wie die Literatur. Sie macht Regionen auf unausgetretenen Pfaden zugänglich, sie bietet einen neuen, oftmals auch überraschenden Blick für sonst unentdeckte Details und Geschichten einer Landschaft.

Die hervorragende Qualität und Fülle an Texten über Österreich, verfaßt von internationalen wie heimischen Autoren, führte zum Entschluß, diese Reihe herauszugeben. Jedem Bundesland wird ein Band gewidmet, Niederösterreich bildet den Auftakt. Dies nicht nur, weil das größte österreichische Bundesland endlich seine Hauptstadt St. Pölten gefunden hat. Jahrhundertelang war Wien Verwaltungszentrum des Landes und Niederösterreich nur »das Land um Wien«. Sondern, weil hier noch besonders stark jene Atmosphäre, Ursprünglichkeit und Sprödheit zu spüren ist, die die Literaten an diesem Flecken Erde so schätzten und schätzen und wohin sich viele von ihnen zurückzogen...

Die Texte, die wir ausgewählt und gekürzt haben, spiegeln in ihrer Vielfalt die Verschiedenheit der niederösterreichischen Landschaften. Die Autoren gehören unterschiedlichen Epochen und Stilrichtungen an, und die ausgesuchten Stücke umfassen Brief-, Roman- oder Dramenausschnitte genauso wie ein Mundartgedicht und *das* mittelhochdeutsche Epos.

Das Buch ist nach Regionen geordnet und folgt den wichtigsten Hauptverkehrswegen. Man betritt Niederösterreich von Süden kommend am Semmering, wo man bei Stationen der »Sommerfrischen-Literatur« inne hält und dann durch den Wienerwald in das Landesinnere gelangt; oder von Westen her, sei es, indem man mit den Nibelungen die Donau entlang reist, sei es, daß man mit zwei zeitgenössischen Schriftstellern ein Eisenbahncoupé auf der Westbahnstrecke teilt. Einzig nördlich der Donau wird die offizielle geographische Einteilung in Vierteln übernommen, denn Wald- und Weinviertel sind längst selbstverständliche Einheiten.

Um die Suche nach den Literaten und den zitierten Texten zu erleichtern, gibt es am Ende des Buches ein Autoren- und Quellenverzeichnis. Die literatur-touristischen Informationen enthalten Adressen und Hinweise über Gedenkstätten, Wanderwege, Veranstaltungen und vieles mehr. Die Anschriften der zuständigen Verkehrsämter sind ebenfalls genannt.

Wir wünschen vergnügliche literarische Reisen durch Niederösterreich. Es gibt viel zu erkunden durch die Augen der Dichter.

Barbara Higgs und Wolfgang Straub, Sommer 1997

Der Semmering und sein Umland

Blick vom Semmering auf Rax und Schneeberg

Den Semmering könnte man als die Côte d'Azur der Wiener Künstler- und Literatenszene bezeichnen. Um die Jahrhundertwende und bis in die zwanziger Jahre strandeten hier in den Villen und noblen Großhotels Maler, Komponisten, Architekten und Schriftsteller. Möglich wurde der Auftritt der Wiener Intelligenzija vor der pittoresken Kulisse von Rax und Schneeberg durch die Errichtung der ersten Alpenbahn Europas. Carl Ritter von Ghega plante kühn 15 Tunnel und 16 Viadukte in die Landschaft hinein, noch bevor eine Lokomotive erzeugt war, die den Höhenunterschied bewältigen konnte. Der Weg in die Sommerfrische war so von vornherein dominiert von Technik und Aufbruchsgeist. Die Begeisterung dafür ist in Heimito von Doderers »Wasserfällen von Slunj« zu spüren. Die Bauern der Gegend al-

lerdings reagierten auf den Bau der Semmeringbahn ab 1848 zum Teil mit Entsetzen, wie Peter Rosegger in seinen Erinnerungen zu berichten weiß. Daß die Sommerfrischengesellschaft hier heroben eine eigene Welt darstellte, davon geben Peter Altenberg, Arthur Schnitzler und Karl Kraus, selber häufig Gäste am Semmering, ein ironisches bis bissiges Zeugnis.
Nicht allein auf der Semmeringhöhe, auch im Umland machten die Künstler Station. Ein beliebter Treffpunkt war der Thalhof hinter Reichenau. Das lag nicht zuletzt an der charismatischen Hoteliersgattin, Olga Waissnix. Besonders Peter Altenberg und Arthur Schnitzler waren ihr sehr zugetan. Auch nach dem Fin de siècle ist im Thalhof, wie Robert Musil in der Zwischenkriegszeit beobachtet, vieles der »großen Zeit« des Semmerings erhalten geblieben. Abseits dieser gesellschaftlichen Zentren suchte einer der größten Denker des Jahrhunderts, der Philosoph Ludwig Wittgenstein, in der Semmeringgegend völlige Abgeschiedenheit – und fand sie in den kleinen Ortschaften Otterthal, Trattenbach und Puchberg am Fuße des Schneeberges.

Johann August Seume: Spaziergang nach Syrakus

Mit den heutigen Möglichkeiten des Reisens erscheint uns das Erreichen der knapp 1000 Meter Seehöhe des Semmeringpasses nicht erwähnenswert. Doch für den Sachsen Johann August Seume, der sich 1801 während seines berühmten »Spaziergangs nach Syrakus« bei widriger Witterung und schlechten Wegen zu Fuß über den Paß mühte, war das durchaus eine »abenteuerliche Gegend«:

Eine Stunde von Schottwien fängt die Gegend an, herrlich zu werden; vorzüglich macht ein Kloster rechts auf der Anhöhe eine sehr romantische Partie. Das Ganze hat Ähnlichkeiten mit den Schluchten zwischen Aussig und Lowositz, nur ist das Tal enger und der Fluß kleiner; doch sind die Berghöhen nicht unbeträchtlich und sehr malerisch gruppiert. Das Städtchen Schottwien liegt an dem kleinen Flüßchen Wien zwischen furchtbar hohen Bergen und macht nur eine einzige Gasse. Vorzüglich schön sind die Felsenmassen am Eingange und Ausgange.

Ein Felsstück hängt drohend über das Haus her, in welchem ich übernachte. Hier fängt die Gegend an, die, wie ich mich erinnere, schon andere mit den schönsten der Schweiz verglichen haben. Wie wird es aber auf den steiermärkischen Wegen werden, vor denen mir schon in Wien selbst Eingeborne bange machen wollten? Es kann nichts helfen; nur Mut! Damit kommt man auch in der Hölle durch.

Schottwien

Der Semmering ist kein Maulwurfshügel; es hatte die zweite Hälfte der Nacht entsetzlich geschneit, der Schnee ging mir bis hoch an die Waden; ich wußte keinen Schritt Weg, und es war durchaus keine Bahn. Einige Male lief ich den Morgen noch im Finstern unten im Tal zu weit links und mußte durch Verschläge in dem tiefen Schnee die große Straße wiedersuchen. Nun ging es bergan zwei Stunden, und nach und nach kamen einige Fuhrleute den Semmering herab und zeigten mir wenigstens, daß ich dorthin mußte, wo sie herkamen. Links und rechts waren hohe Berge, mit Schwarzwald bewachsen, der mit Schnee behangen war; und man konnte vor dem Gestöber kaum zwanzig Schritte sehen. Oben auf den Bergabsätzen begegneten mir einige Reisewagen, die in dem schlechten Wege nicht fortkonnten. Der Frost hielt noch nicht, und überdies waren die Gleise entsetzlich ausgeleiert. Herren und

Bedienten waren abgestiegen und halfen fluchend dem Postillon das leere Fuhrwerk Schritt vor Schritt weiter hinaufwinden. Ich wechselte die Schluchten bergauf, bergab und trabte zum großen Neide der dick bepelzten Herren an dem englischen Wagen fürbaß. Ein andermal rollten sie an mir vorbei, wenn ich langsam fortzog. So geht's in der Welt; sie gingen schneller, ich sicherer.

Peter Rosegger: Als ich das erstemal auf dem Dampfwagen saß

Die Errichtung der 1854 eröffneten Semmeringbahn in ihrer kühnen Anlage war ein einschneidendes Ereignis für die Region, und von vielen Einheimischen wurde sie mit Skepsis aufgenommen. Einige taten diese technische Innovation schlicht als Teufelszeug ab. Der steirische Heimatdichter Peter Rosegger schreibt in seinen Jugenderinnerungen von einem solchen abergläubischen Menschen, seinem Patenonkel. Eines Tages darf der junge Peter den »Knierutscher Jochem« auf seiner jährlichen Wallfahrt von der steirischen Heimat zur Kirche Maria Schutz auf der niederösterreichischen Seite des Semmerings begleiten. Unterwegs kommt es zu einer Begegnung mit der neueröffneten Bahn:

»Pater Jochem«, sagte ich leise, »hört ihr nicht so ein Brummen in der Erden?« »Ja, freilich, Bub'«, entgegnete er, »es donnert was! Es ist ein Erdbidn« (Erdbeben). Da tat er schon ein kläglich Stöhnen. Auf der eisernen Straße heran kam ein kohlschwarzes Wesen. Es schien anfangs stillzustehen, wurde aber immer größer und nahte mit mächtigem Schnauben und Pfustern und stieß aus dem Rachen gewaltigen Dampf aus. Und hinterher – »Kreuz Gottes!« rief mein Pate, »da hängen ja ganze Häuser dran!« Und wahrhaftig, wenn wir sonst gedacht hatten, an der Lokomotive wären ein paar Steirerwäglein gespannt, auf denen die Reisenden sitzen konnten, so sahen wir nun einen ganzen Marktflecken mit vielen Fenstern heranrollen, und zu den Fenstern schauten lebendige Menschenköpfe heraus, und schrecklich schnell ging's, und ein solches Brausen war, daß einem der Verstand still stand. Das bringt kein Herrgott mehr zum Stehen! fiel's mir noch ein. Da hub der Pate die beiden Hände empor und rief mit verzweifelter Stimme: »Jessas, Jessas, jetzt fahren sie richtig ins Loch!« Und schon war das Ungeheuer mit seinen hundert Rädern in der Tiefe; die Rückseite des letzten Wagens schrumpfte zusammen, nur ein Lichtlein davon sah man noch eine Weile, dann war alles verschwunden, bloß der Boden dröhnte und aus dem Loche stieg still und träge der Rauch.

Mein Pate wischte sich mit dem Ärmel den Schweiß vom Angesicht und starrte in den Tunnel.

Beim Gasthause auf dem Semmering war es völlig still; die großen Stallungen waren leer, die Tische in den Gastzimmern, die Pferdetröge an der Straße waren unbesetzt. Der Wirt, sonst

Fahrt über den Semmering

der stolze Beherrscher dieser Straße, lud uns höflich zu einer Jause ein.

»Mir ist aller Appetit vergangen«, antwortete mein Pate, »gscheite Leut' essen nicht viel, und ich bin heut' um ein Stückel gscheiter worden.« Bei dem Monumente Karls VI., das wie ein kunstreiches Diadem den Bergpaß schmückt, standen wir still und sahen ins Österreicherland hinaus, das mit seinen Felsen und Schluchten und seiner unabsehbaren Ebene vor uns ausgebreitet lag.

Und als wir dann abwärts stiegen, da sahen wir drüben in den wilden Schroffwänden unseren Eisenbahnzug gehen – klein wie eine Raupe – und über hohe Brücken, fürchterliche Abgründe setzen, an schwindelnden Hängen gleiten, bei einem Loch hinein, bei andern hinaus – ganz verwunderlich.

Peter Rosegger: Die neue Sommerfrische auf dem Semmering

Obwohl Rosegger in seinen Schriften touristische Erschließungen zum Teil scharf kritisiert, scheint ihn die Semmeringbahn in ihren Bann gezogen zu haben:

Wenn ich ein reicher Engländer wäre, ich würde mein Leben lang zwischen Wien und Triest auf der Eisenbahn hin- und herfahren und nach meinem Tode noch ein Übriges thun. Nach meinem Tode wollte ich nichts, als mich in einem kostbaren Metallsarge zehn Jahre lang zwischen Gloggnitz und Mürzzuschlag hin- und zurückführen lassen.

Dieser schöne Gedanke kam mir in der Mürzzuschlager Restauration bei einem Glase vortrefflichen Vöslauers, als ich gegenüber zweier Söhne Albions saß, die während desselben Tages und der vorhergehenden Nacht sechsmal über den Semmering gefahren waren. Und wahrlich, der albernste Gedanke meinerseits und der tollste Spleen ihrerseits war das nicht.

Man mag weit in der Welt herumgekommen sein, man mag die Bahnstrecken des Brenner, des Mont-Tenis bewundert haben, man wird immer wieder diese Wahrheit ausrufen: Mit dem Semmering halten sie keinen Vergleich aus.

Heimito von Doderer: Die Wasserfälle von Slunj

Den von Rosegger imaginierten »reichen Engländer«, der über den Semmering fährt, finden wir in einem Roman Heimito von Doderers: Robert und Harriet Clayton fahren von Wien aus auf Hochzeitsreise in das heutige Kroatien (Zeit der Handlung: 1877). Dieser Ausschnitt aus den »Wasserfällen von Slunj« stellt – laut dem Doderer-Experten Wendelin Schmidt-Dengler – die »bislang beste literarische Würdigung der ästhetischen Qualität der Semmeringbahn« dar:

Harriet sah nicht hinaus. Clayton stand am Fenster. Was ihn hier berührte, war heimatlich, aber warum nur? Es gab in England keine Bahnstationen mitten im Gebirge, vielleicht in Schottland, aber dort war er nie gewesen. Der Perron lag leer. Der Zug setzte sich wieder sanft in Bewegung. Clayton sah voraus und bemerkte, daß die Strecke nach links drehte. Kaum hatte er den Viadukt, dem man sich jetzt näherte, erblickt und als solchen erkannt, so verschwand schon das Terrain neben den Geleisen wie verschluckt: man fuhr bereits auf den mächtigen gemauerten Bogen in enormer Höhe dahin und über eine lang gestreckte Ortschaft, deren Straße unten durchlief.

Vom Überfahren des Viaduktes an ließ sich Clayton nicht mehr auf seinen Platz neben Harriet nieder.

Die Strecke wandte sich und bald immer wieder. Es war, als stiege man über eine gewundene Treppe zum Dach eines Gebäudes empor. Das kurze zischende Vorbeifliegen der Wand in gemauerten Einschnitten gab den Blick wieder frei für ein neues Bild, das jetzt in's Treffen trat und sich in die Aussicht schob, die viele Male schwarz und verschluckt und verschlossen wurde von den Tunnels. Clayton hatte die Empfindung, schon sehr hoch zu sein, aber es ging noch höher. Jetzt sah er drüben in weitem Bogen die Bahntrasse liegen, über welche man eben vorhin gefahren war. Die Abstürze neben der Strecke wurden steiler und tiefer und schließlich schwindelnd, als man durch eine Art offener Galerie fuhr. Ihre Pfeiler zischten vorbei. In der nächsten Kurve sah er, so rückwärts wie vorne, die Lokomotiven donnernde Dampfstrahlen emporwerfen.

Es gab Stationen. Bei ihnen stiegen ähnliche Leute aus wie auf dem letzten Bahnhof vor dem Viadukt; und am Perron ging es ganz ebenso zu. Noch mehr Hoteldiener.

Clayton war während der ganzen Fahrt über den Semmering in ununterbrochener Bewegung; bald vom Gang einen steilen Abhang emporschauend, dann vom Coupéfenster in die Tiefe blickend. Wieder fuhr man über einen hohen Viadukt. Clayton sprang auf den Gang hinaus, er wollte das eingerissene Waldtal aufwärts sehen. Nun war's vorbei. Der Steilhang kam dicht an die Strecke. Er betrat wieder das Abteil, entschuldigte sich bei Har-

Semmeringbahn, Kalte Rinne. Geplant von Karl Ritter von Ghega

riet wegen des häufigen Aus- und Eingehens und schaute aus dem Fenster in eine hier aufgegangene vielfältige Ferne, darin die Sonne sich an einzelne Felszähne lehnte, die sanft aus den Wäldern leuchteten, Wälder fern und wie Moos. Harriet lächelte.

Peter Altenberg: Im Jänner auf dem Semmering

Peter Altenberg ist der bekannteste Vertreter der Wiener »Kaffeehausliteratur«, also ein zutiefst städtischer Mensch. Doch durch seine angeschlagene Gesundheit war er immer wieder zu Kuraufenthalten auf dem Land gezwungen.
Obwohl am Semmering seit der Jahrhundertwende Skisport betrieben wird, ist er eine typische Sommerfrische. Ein längeres Verweilen im Winter ist außergewöhnlich und im Vergleich zum Sommer sicher recht einsam. Die tiefe Melancholie Altenbergs, die ihn auf dem »Hochweg« – der Flaniermeile zwischen den beiden Großhotels Panhans und Südbahnhotel – anfällt, kommt nicht von ungefähr:

25. Jänner. Die Sonne versucht es, den Schnee zu schmelzen. Da und dort wird er grau, löst sich auf, bereitet den Frühling vor. In Gloggnitz wachsen Schneerosen, stoßen sich durch den Schnee hindurch. Sonst ist alles, alles begraben, still. Auf das bereifte Glas eines Auslagekastens schrieb ich mit der Stahlspitze meines Bergstockes einen Mädchennamen. Welchen?! Was kümmert es euch?! Meine Seele leidet. Ich beherberge ein Marienkäferlein seit vier Tagen. Es lebt an der Warmwasserheizung unter einem Glase. Es spannt sogar die Flügel aus. Ich werde ihm einen Mimosenstrauß kaufen, gelbe, duftende Blüten mit graugrünen Blättchen. Wie hat es bis jetzt überwintern können, alle Schrecknisse durcherleben können?! Ich weiß es nicht. Ich schreibe in das bereifte Glas eines Auslagekastens auf dem »Hochweg« einen Mädchennamen ein. Welchen?! Was kümmert es euch?! Meine Seele leidet, also sie lebt, sie lebt! Das Marienkäferlein unter dem Glas denkt: »Ha, ha, ha, hier ist es warm, aber wenig zu essen;

nun, warten wir noch bis zum Februar; da dürfte sich schon irgendetwas finden – – –.« Für Tierchen findet sich immer etwas.

Hotel Panhans am Semmering

Arthur Schnitzler: Das weite Land

Der soziale Alltag einer Sommerfrische gehorchte eigenen Gesetzen. Einer der besten Kenner dieser unausgesprochenen Übereinkünfte war stets der Hotelportier. Arthur Schnitzler stellt mit seinem »Portier Rosenstock«, der ein reales Vorbild in einem Portier des Südbahnhotels am Semmering hatte, einen Prototyp dieses charmanten Zerberus auf die Bühne. Zwar verpflanzt der Dramatiker die Szenerie in ein Tiroler Hotel, doch die Welt des Semmerings klingt unverkennbar durch – eine Welt, die für Außenstehende weder verständlich noch ohne weiteres betretbar ist:

Dritter Akt
Halle des Hotels Völser Weiher
Hinter dem Risch am Eingang der PORTIER ROSENSTOCK, *rotbäckiger ziemlich junger Mensch, kleiner, schwarzer Schnurrbart, schwarzes Haar, schlaue, gutmütige Augen, zuvorkommend und überlegen. Er gibt eben einem Boy Zeitungen, der Boy entfernt sich mit diesen und läuft über die Stiege hinauf.*
Zwei junge Touristen, Rucksack, Havelock, Bergstöcke, kommen von draußen.

ERSTER TOURIST *sehr forsch* Guten Morgen. Guten Abend vielmehr.
ROSENSTOCK Habe die Ehre.
ERSTER TOURIST Sagen Sie, haben Sie ein Zimmer mit zwei Betten, oder zwei Zimmer mit je einem Bett?
ROSENSTOCK Wie ist der werte Name?
ERSTER TOURIST So – muß man sich hier vorstellen? Bogenheimer, candidatus juris aus Halle. Gebürtig aus Merseburg, evangelisch ...
ROSENSTOCK *sehr höflich und ganz wenig lächelnd* Ich wollte nur fragen, ob die Herren bestellt haben.
ERSTER TOURIST Ne, bestellt ham ma nich.
ROSENSTOCK *sehr höflich* Dann bedaure ich sehr, wir haben leider gar nichts frei.

ERSTER TOURIST Gar nichts? Das ist aber böse. Auch kein Strohlager … an das man sich klammern könnte?

ROSENSTOCK Leider, nein.

ZWEITER TOURIST *hat hintereinander auf zwei Sesseln Platz genommen, die ihm beide nicht bequem genug zu sein scheinen. Endlich läßt er sich in einen Schaukelstuhl fallen.*

ERSTER TOURIST *zum zweiten* Was machen ma nu? *Zu Rosenstock* Wir haben nämlich vierzehn Stunden Marsch in den Beinen.

ROSENSTOCK *mitfühlend* Das ist viel.

ZWEITER TOURIST Ich rühr' mich nicht vom Fleck.

ERSTER TOURIST Haben Sie gehört, Herr Cerberus? Mein Kollege, der rührt sich nicht vom Fleck.

ROSENSTOCK Bitte sehr. Raum für alle hat die Halle.

ERSTER TOURIST Ah, sind wohl Dichter?

ROSENSTOCK Nur in dringenden Fällen.

ERSTER TOURIST Also was sollen ma machen? …

ROSENSTOCK Wenn die Herrschaften vielleicht zur Alpenrose schauen wollten …

ERSTER TOURIST Ist das auch ein Hotel?

ROSENSTOCK Sozusagen.

ERSTER TOURIST Glauben Sie, daß es dort was gibt?

ROSENSTOCK Die haben immer was.

ERSTER TOURIST Na, versuchen ma die Alpenrose zu pflücken. *Zum andern* Auf, mein Sohn.

ZWEITER TOURIST Ich rühr' mich nicht. Schicken Sie eine Sänfte um mich, Bogenheimer, wenn Sie was gefunden haben … Oder einen Maulesel.

Er setzt sich zurecht und schlummert bald ein.

ERSTER TOURIST *zu Rosenstock* Also passen Sie nur gut auf meinen Kollegen, daß er ja nicht im Schlummer gestört wird. *Im Abgehen* Das Wandern ist des Müllers Lust … *Ab*

EIN EHEPAAR *kommt. Ein Boy hinter ihnen mit Handgepäck.*

ROSENSTOCK *begrüßt sie*

HERR Das Zimmer bereit?

ROSENSTOCK Selbstverständlich, Herr Hofrat. Numero siebenundfünfzig.

Glocke. Ehepaar mit dem Boy zum Lift, fahren hinauf.

Karl Kraus: Die letzten Tage der Menschheit

Für Karl Kraus gibt der Semmering in seinem monumentalen Antikriegsdrama über menschliche Verhaltens- und Sprachmuster vor dem Schreckensbild des Ersten Weltkrieges eine ideale Kulisse ab, um mit beißender Satire die Wiener Hautevolee anzuprangern. Die Semmeringgesellschaft läßt sich nicht aus ihrer müßigen Ruhe bringen, fährt regelmäßig von Wien mit dem »Tarockzug« herauf (eine Wochenendverbindung vor allem für höhere Beamte, die während der Fahrt das Kartenspiel »Tarock« pflegen), während in Europa grausame Schlachten toben, an denen sie gut verdient.

II. Akt, 9. Szene

Semmering. Terrasse des Südbahnhotels. Alpenglühen. Jung und Alt, Groß und Klein ist versammelt. Man bemerkt Schakale und Hyänen. Eine Dame hat soeben mit tiefer Empfindung Heine zitiert und erntet reichen Beifall. Die Getreuen des Semmering sind in stiller Betrachtung versunken.

JUNG: Weiß ist der größte Tourist. Er geht im Schritt, er geht im Trab oder, wenn keine Zeit is, geht er auch im Galopp. Er hat den Tarockzug noch nie versäumt.

ALT: Ein erstklassiges Alpenglühn. Schauts euch den Generaldirektor an am Fenster, sein Gesicht glänzt.

DANGL *(kommt atemlos)*: Meine verehrten Gäste, soeben is aus Wien telephoniert worn, Durazzo is gfalln – große Erfolge bei Verdun!

ALLE: Hoch Dangl!

GROSS: Ich hab stark den Eindruck, der Himmel is illuminiert wegen Durazzo.

KLEIN: Heute kann man es genießen! Heut sind sie alle versammelt die unbedingten Verehrer des Semmering und die Getreuen.
STIMMENGEWIRR: Wo ist Weiß? – Bittich schrei nicht, Stukart hört – Habts ihr gehört von Durazzo, Kleinigkeit – Das Panorama war fabelhaft – Begierig bin ich, ob er heut zurecht kommt – Nutzt nix, Heine ist und bleibt der gresste deutsche Dichter und wenn

Südbahnhotel am Semmering

sie zerspringen – Ich hab den Sektionschef gegrüßt, er hat auch gegrüßt – Sie wern sehn, er wird in den Annalen fortleben – Am Sonnwendstein will er herauf hat er gesagt – Nicht wern sie Verdun bekommen! – Sind Sie eigentlich ein starker Esser? Ich bin nämlich ein starker Esser – Das Panorama war fabelhaft – Ich sag dir, im Schritt, er hat Zeit – Die Verluste müssen gesalzen sein! – Der muß auch hübsch verdienen – Wie sie das deklamiert hat, war ich effektiv begeistert – Wetten, er kommt heut im Trab – Der Doktor hat gesagt, unten steht es glänzend – Ich hätt noch drei Waggon – Wie er sich getauft hat, hat sie sich geschieden – Heut versäumt er aber ja, sag ich euch – Wenn ihr euch kugeln wollts, müßts ihr in die Josefstadt – Was heißt Truppentransporte? Der Tarockzug geht immer! – Das Panorama war fabelhaft – Dorten kommt er gelaufen, was hab ich gesagt, Weiß im Galopp!
(Die Gesellschaft verzieht sich.)

EIN GETREUER DES SEMMERING (*im Abgehn*): Laßts ihn schlafen, er macht sich Sorgen wegen der Metallablieferung.
DER GENERALDIREKTOR (*schlafend, mit der Geste einer jähen Eingebung*): Vergroben! (*Er erwacht.*)

(*Verwandlung.*)

Robert Musil

Der Thalhof hinter Reichenau war neben der Semmeringhöhe seit den 1880ern ein beliebter Treffpunkt der Wiener Künstlerszene. Nach dem Ersten Weltkrieg war (und ist bis in unsere Zeit) wie nur an wenigen Orten im und um den Thalhof der Flair der Jahrhundertwende-Zeit spürbar. Diesen Eindruck gewann auch der Romancier Robert Musil, als er sich in der Zwischenkriegszeit wiederholt hier aufhielt. Die von vielen gepriesenen landschaftlichen Schönheiten sah der Schöpfer des »Mann ohne Eigenschaften« allerdings in eigenem Licht:

Aus dem Tagebuch

Alpenlandschaft Thalhof: Unbefangen betrachtet, ist sie häßlich (ich sollte eine Ansichtskarte beilegen). Zerknüllt, zerschabt, borstig. Eigentümlich scheußliche Buckel. Warzig. Aber es liegt über ihr – und das ist genau so wie bei einem häßlichen Gesicht, das einen gutmütigen oder anderen gewinnenden Ausdruck hat! – die Stille, Schlichtheit des Lebens, die Härte der Winter, die Güte der Bewohner, die noch vor kurzem vorhanden war, die würzige Luft, die Gesundheit u. a. Das sind nicht assoziierte, sondern Ausdruckswerte.

Thalhof bei Reichenau

Brief an Johannes von Allesch

Thalhof bei Reichenau 14. VIII. 36

Lieber Johannes.
Der zweite Ursprung unseres Schweigens lag aber darin, daß es nun mir nicht besonders ergangen ist, und die Erholung die Monate durch sich recht langsam entwickelt hat. Hypertonie der Gefäße ist der unschuldige Name für den Sturz von einem recht guten und starken Körper zu einem bedächtig hatschenden, der sich vor Sonne und Wind schützen muß, nicht rauchen darf usw. Es soll mir mit der Zeit immer besser gehn, aber niemals mehr so wie früher.
Hier haben wir es zum Glück nach eigenem Wunsch und ärztlicher Vorschrift getroffen. Bloß 500 m hoch und doch alpine Luft, und außerdem ein erhalten gebliebenes Stück des guten alten Österreich, was das Unterkommen betrifft. Die veralteten Möbel viel vornehmer als die Leute, die darin sitzen; und diskret hinter den Wolken waltend ein sehr guter Koch.

Dein Robert

Reinhard Priessnitz: Der Lehrer Wittgenstein

Für viele Schriftsteller waren die Überlegungen des Philosophen Ludwig Wittgenstein (1889–1951) von großem Einfluß. Aus diesem Nahverhältnis mag auch das Interesse des Dichters Reinhard Priessnitz an den Lebensumständen Wittgensteins während seiner Tätigkeit als Landschullehrer herrühren. Bevor Wittgenstein 1929 nach Cambridge ging, arbeitete er als Volksschullehrer in drei kleinen Orten im Semmering-Umland: Trattenbach, Otterthal und Puchberg am Schneeberg. Der Philosoph, der auf Zuwendungen seiner reichen Familie verzichtete, pflegte einen völlig zurückgezogenen, kargen Lebensstil.
Für seine Nachforschung protokolliert Priessnitz ein Gespräch mit einem ehemaligen Kollegen Wittgensteins, dem Pfarrer von Puchberg, und zitiert zwei Briefe Wittgensteins an Bertrand Russell:

»Er war sehr tüchtig in seinem Unterricht, ich mein, er hat seine Kinder ganz gewaltig mathematisch geschult und war sehr ehrgeizig...

Er ist immer gangen mit seiner, mit seiner – Flöte –, und dann hat er auch sehr viel Skelette präpariert; er war sehr tüchtig, ein sehr gebildeter Mensch ... Irgendwann hab ich in der Zeitung glesen übern Wittgenstein, er war auch Lehrer in Niederösterreich, da hab ich mir dacht, das war eh bei uns da ... Ich glaub in der Schule hat er gwohnt ... Er is immer a bisserl so über den Wolken gewandelt, aber dann is er plötzlich wieder in die Gegenwart auf diese Welt herabgestiegen, und da is in sein Temprament halt manches gwesen ... er war a guter Mensch, aber mir is unvergeßlich, wie von dem Heft, das er dem Bubm am Kopf ghaut hat, kein Blattl übrigblieben is, weil er so innerlich ergriffen war, daß der Bub halt – na, ich hab ihn dann eh etwas getröstet, er hat den Bubn dann wieder echt a Freud gmacht, oder das mitm Hut ... Wann die zwei auf der Straßen gangen sind, der K. und er, das war köstlich, fast a jeder hat was gesummt, Melodien verschiedene ... Mit den Leuten glaub ich ... Da war noch a köstliches Erlebnis. Da warn Konferenzen, na und der Herr Direktor von damals hat halt so gsprochen, und *er* hat halt so mitunter andere Ansichten ghabt und war so sehr offen und aufrichtig – und da sagt ihm der damalige Direktor: ‚Ja, Sie mit Ihrem Wissen, las-

Ludwig-Wittgenstein-Gedenkstätte in Trattenbach

sens amal was lesen von Ihnen, und er hat aber so ehrlich gsagt: ‚Herr Direktor, das verstehen Sie nicht ...«

Ludwig-Wittgenstein-Wanderweg in Trattenbach

Über seine Zeit als Volksschullehrer in Österreich nach dem Krieg schrieb Ludwig Wittgenstein an seinen Freund Bertrand Russell aus einem anderen kleinen Ort, Trattenbach:

23. 10. 21

Ich bin immer noch in Trattenbach und bin nach wie vor von Gehässigkeit und Gemeinheit umgeben. Es ist wahr, daß die Menschen im Durchschnitt nirgends sehr viel wert sind; aber hier sind sie viel mehr als anderswo nichtsnutzig und unverantwortlich. Ich werde vielleicht noch dieses Jahr in Trattenbach bleiben, aber länger wohl nicht, da ich mich hier auch mit den übrigen Lehrern nicht gut vertrage. (Vielleicht wird das woanders auch nicht besser sein.)

28. 11. 21

Du hast recht: nicht die Trattenbacher allein sind schlechter, als alle übrigen Menschen; wohl aber ist Trattenbach ein besonders minderwertiger Ort in Österreich und die *Österreicher* sind – seit dem Krieg – bodenlos tief gesunken, daß es zu traurig ist, davon zu reden! So ist es.

Johann August Schultes: Ausflüge nach dem Schneeberge

Mit seinen 2074 m ist der Schneeberg die höchste Erhebung Niederösterreichs. Das mag in der »Alpenrepublik« Österreich eine bescheidene Größe sein, und dem kräfteraubenden Anstieg kann man seit genau hundert Jahren durch die bequeme Fahrt mit der Zahnradbahn ausweichen, doch wiederum einhundert Jahre davor, in den letzten Jahren des 18. Jahrhunderts, war die Besteigung dieses Gipfels durchaus etwas Bemerkenswertes. Intellektuelle wie der Wiener Naturwissenschaftler Johann August Schultes berichteten erstmals ausführlich über solche »Expeditionen«. Sein im Geiste der Aufklärung abgefaßter, trockener Bericht kommt, am Gipfel des Schneebergs angelangt, erstmals ins Schwärmen:

Blick auf den Schneeberg

Die wellenförmigen Gipfel der Berge, die man hier übersieht, und die in dem Bilde des Abgrundes mitzuschwanken scheinen mit den Felsen; das Rollen des Kalkgruses unter den Füßen am unsicheren Rande des Abgrundes, alles erhöht hier die bangen Gefühle des Schwindels. Mit Entsetzen kehrt man das Auge hinweg von diesen grauenvollen Bildern; mit beyden Händen klammert man sich an, an den Felsentrümmern und mit keuchender Brust hat man endlich den Gipfel erstiegen.

Im Nordosten die Ausläufer der Karpathen und des Riesengebirges um den Ursprung der Oder in blauer Ferne; im Nordwesten der Böhmerwald an Bayerns Grenze; im Südwesten die Alpen um Berchtesgaden in deutlichen scharfen Conturen und hinter ihnen die blauen Alpen Tyrols; im Südosten die weiten Ebenen Pannoniens bis hin an die Berge von Dotis zwischen Raab und Ofen und weiter gen Osten über die Donau – ein Horizont von beynahe zwey hundert Meilen: welch ein Anblick! – Ich habe den Oetscher, die Wildalpen und manche steyrische und oberösterreichische Alpe erstiegen; ich war am Gipfel des Gotthard, und habe mich überzeugt, daß man nirgendwo als am Gipfel des Montblanc und des Aetnas einen ähnlichen Horizont mit einem Blicke übersehen kann. Man wird vielleicht die Aussicht des Schneeberges jener am Aetna und Montblanc noch vorziehen, weil sie ein deutlicheres Bild von den Gegenständen umher gewährt, weil sie groß und erhaben ist, ohne überladen zu seyn, ohne die Sehkraft des Auges so zu sagen zu vernichten.

Der Wienerwald

Helenenthal bei Baden

Der Wienerwald trennt das Mostviertel vom Industrieviertel. Er ist jedoch kein Grenzstreifen oder simpler Höhenzug, sondern vielmehr eine eigenständige Landschaft. Im Süden an die Ausläufer der Alpen anschließend umgürtet er Wien an seiner westlichen Seite. Hier überwiegt die Beschaulichkeit, wie sie Ferdinand Raimund preist oder wie sie H. C. Artmann im Klosterhof von Heiligenkreuz vorfindet. Manche bemerkenswerte Stätte gilt es zwischen den waldigen Hügeln zu entdecken, etwa eine Schule, in der jedes Klassenzimmer in einem anderen Stil der Kunstgeschichte gestaltet ist, oder den einsamen Sterbensort Franz Kafkas.

Nördlich von Wien setzt das von Reinhold Schneider in eine Parabel verwandelte Stift Klosterneuburg den markanten Endpunkt des Wienerwaldes, im Süden geht dieser Landstrich in die Thermenregion über, die man des guten Weines wegen oder, wie schon Mozart oder Beethoven, zu Kurzwecken aufsucht.

Ferdinand Raimund: An Gutenstein

Der bereits zu Lebzeiten berühmte Dramatiker und neben Johann Nestroy wichtigster Erneuerer des Wiener Volksstücks schrieb 1833 dieses »verregnete« Loblied auf die Wahlheimat seiner letzten Lebensjahre. Drei Jahre später beging Raimund, nachdem ihn ein – wie er glaubte – tollwütiger Hund gebissen hatte, auf dem Weg von Gutenstein nach Wien Selbstmord. Das Grab Raimunds liegt nach seinem Wunsch in Gutenstein. Mit dem »Wallfahrtsort« und »Berg« ist der barocke Klosterkomplex am Mariahilfberg nahe Gutenstein gemeint, einer der Lieblingsorte des Dichters.

Darf ich den Blicken traun? Unmöglich! Nein!
Ist dies das holde Tal von Gutenstein,
Das die Natur zum Landschaftssaal erwählte?
Wo sie die wilderhabensten Gemälde,
An saphirblauen Wänden aufgehangen?
Wo sind die Bilder, die so rein beglücken?

Raimundort Gutenſtein
grüßt seine Gäſte

Auf altem Punkt doch immer neu entzücken.
Die grüne Wiese, rund vom Wald begrenzt,
Die wie Smaragd auf schwarzem Grund ergänzt?
Die Felsen, deren Haupt geweiht den Sternen,
Uns Aussicht bieten in die weitsten Fernen,
Wo Täler, um Bewundrung zu erringen,
In reizender Verwirrung sich verschlingen?
Wo bist du, Wallfahrtsort der müden Dulder,
Du Berg! der sanft, auf moosbedeckter Schulter,
In Demut trägt die stillen Klosterhallen,
Aus denen frommer Mönche Lieder schallen?

Die Flut, die schonungslos der Wolk entquillt,
Hat Berg und Tal mit Nebel dicht verhüllt;
Und was der Mensch sich mühevoll erschaffen,
Verheert Natur mit fürchterlichen Waffen.

Doch ich bin dir kein eigennütziger Freund,
Der dich nur sucht, wenn deine Sonne scheint,
Ich weile noch, wenn frohe Gäste fliehn,
Weil um die Berge düstre Nebel ziehn.

Arthur Krupp: Rede an die Schulkinder

Mitte des 19. Jahrhunderts machte sich die deutsche Industriellenfamilie Krupp auf die Suche nach Expansionsmöglichkeiten und fand durch einen österreichischen Partner in Berndorf einen geeigneten Standort für die Produktion von Eßbestecken. Das 180-Seelen-Dorf des Jahres 1835 wurde durch die Fabrik zur »Kruppstadt« mit 13.000 Einwohnern (1910). Arthur Krupp, der der Fabrik ab 1879 vorstand, machte es sich zum Lebensziel, Berndorf in eine Muster-Arbeiterstadt zu verwandeln.
Das vielleicht beeindruckendste Ergebnis dieser städtebaulichen Bemühungen ist die ungewöhnliche Einrichtung der beiden Schulgebäude. Krupp ließ jedes Klassenzimmer in einem anderen Stil (altägyptisch, dorisch, romanisch, gotisch etc.) gestalten. 1935, lange nach seiner »großen Zeit«, gab er anläßlich einer Schulfeier den Kindern Auskunft über seine persönlichen Beweggründe:

Liebe Mädeln, liebe Buben!

Es freut mich, eine Gelegenheit zu haben, um Euch meinen herzlichen Dank für die schöngelungene, würdige Schulfeier, zu deren Veranstaltung Ihr Euch so viele Mühe gegeben habt, sagen zu können.

Die Feier wird Euch gewiß während Eures ganzen Lebens in freudiger Erinnerung bleiben, und ich wünsche Euch, daß Ihr während Eueres Lebens recht viele so schöne Tage verzeichnen könnt. Es werden zwar leider einigen von Euch hie und da widrige Tage von der Vorsehung bestimmt sein, und damit Ihr an solchen Tagen Trost findet und nicht verzagt, will ich Euch etwas aus meiner Jugend erzählen.

Um nun das zu Erzählende verständlicher zu machen, möchte ich schon bei meinem Großvater, Friedrich Krupp, beginnen. Derselbe hat ein Werk gegründet, um Stahl zu machen, welches Metall man damals noch nicht sicher herstellen konnte. Die wirtschaftlichen Verhältnisse waren, auch infolge der napoleonischen Kriege, anfangs des vorigen Jahrhunderts, die denkbar schlechtesten, so daß sich das Werk nur mühsam fortbringen konnte. Mein Großvater starb, und nun führte meine Großmutter, die eine sehr gescheite, tüchtige Frau war, das Werk weiter. Die Verhältnisse waren aber so traurige, daß alles, was nur entbehrlich war, verkauft werden mußte, und, um die Löhne zu sparen, mußten mein Vater, der damals 12 Jahre alt war, und sein Bruder Alfred, der 14 Jahre alt war und der dann das Essener Werk weltberühmt machte, mitarbeiten. Es ging eine Woche der eine Bruder in die Arbeit und der andere in die Schule, um am Abend zu lehren, was am Tage in der Schule vorgenommen wurde, und die folgende Woche wechselten die Brüder mit der Arbeit und der Schule.

Nach dem, was mein Vater durchgemacht hatte, war es verständlich, daß er, als ich 12 Jahre alt wurde, sagte, ein Junge müsse aus dem Hause, damit er frühzeitig selbständig werde. Ich sollte nach Dresden in ein Institut kommen.

Mein Bett stand in der Mansarde unter dem Dachvorsprung, so daß ich im Bette nicht aufrecht sitzen konnte, sondern, aufstehen wollend, mich auf der Seite hinausdrängen mußte. Sowohl der Schlafraum wie die Klassenzimmer waren das Übelste, das man sich vorstellen konnte. Gefängniszellen können keinen traurigeren Eindruck machen als die Räume, in denen ich die nächsten Jahre verleben sollte.

Damals schon reifte in mir der Gedanke, daß, wenn ich einmal etwas zu sagen hätte, die Kinder eine angenehmere Erinnerung an die vielen Stunden, die sie in den Klassen verbringen mußten, haben sollen, als mir beschieden war.

Als der Neubau von Schulen in Berndorf nötig wurde, schlug ich die Ausstattung der Schulen vor, und da ich selbst erst viel später die verschiedenen Stilarten kennenlernte, so wünschte ich, daß sich den Kindern die Stile schon in der Schule von selbst einprägen sollten.

Alle Behörden waren gegen meinen Vorschlag, die Ansicht aussprechend, daß die Aufmerksamkeit der Kinder zu sehr abgelenkt würde, während ich die Behauptung aufstellte, daß eine Ablenkung im Ganzen vielleicht die ersten 8 Tage im Schuljahr ausma-

Ägyptisches Klassenzimmer in der Berndorfer Schule

chen würden, während die Kinder den angenehmen Eindruck das ganze Jahr hindurch hätten und gleichzeitig spielend leicht die Stile kennenlernen würden. Ich erklärte damals, wenn die Klassenzimmer nicht so eingerichtet würden, wie ich es vorschlug, unterbliebe überhaupt der Bau der Schulen. Man schien der Ansicht, ich sei ein Dickschädel und gab mir nach, da man ja die Ausstattung später wieder herausreißen könne. Auch die Errichtung der Duschen und ärztlichen Untersuchungszimmer waren eine Folge meiner Dresdener Erfahrung, die ich, zu Eurem Wohle, machen mußte.
Das ist die Entstehungsgeschichte der Berndorfer Schulen. Ich meinte, dies erzählen zu sollen, um in widrigen Tagen Trost zu finden und nicht verzagt zu werden.

Peter Altenberg: Baden bei Wien im Frühling

Peter Altenberg war nicht nur Stammgast am Semmering, er suchte zur Erholung auch andere Sommerfrischen in der Nähe der Hauptstadt auf. Der Aufstieg des Kurortes Baden begann bereits im 18. Jahrhundert. In der klassischen Zeit der Sommerfrische vor dem Ersten Weltkrieg erreichte die

Besucherfrequenz während der heißen Monate solch erdrückende Ausmaße, daß der Dichter die wahre Schönheit des Ortes nur im Frühling, in der ruhigen Vorsaison, genießen konnte:

Die Landschaft ist überschüttet mit Kastanienblüten. Dunkelrote, weiße, rosige Kastanienblüten überall. Überall Zettel von Zimmern, die zu vermieten sind. Man bietet Gesundheit und Frieden an über die Saison. Aber die wirkliche Gesundheit, den wirklichen Frieden genießen jetzt die Hausbesitzer in ihren von Kastanienblüten strotzenden stillen Gärten. Ihr Vorfrühling, ihr Frühling, ihr Spätherbst sind ihnen gesünder als der Sommer ihren zahlenden störenden Parteien! Sie sehen es werden, werden, sie sehen es vergehen, vergehen! Aber die Sommerparteien genießen phantasielos das Sein, wollen sich à tout prix Gesundheit und Frieden herausschlagen für ihre Sommermiete! Die Hausbesitzer aber blicken auf die strotzende Pracht der Kastanienblüten, haben ihre Lieblingsbäume, die sie besonders betrachten. Dort, in der und der Straße blüht ein wunderbarer Kastanienbaum. Seine Blüten stellen sich horizontal, wollen weg aus dem allzu dichten Laubwerk. Wenn die Parteien kommen, hat alles ausgeblüht. Sie erhalten nur mehr die verstaubten müden Blätter. Aber die Hausbesitzer sitzen jetzt an Tischen in den Gärten und atmen die Frühlingsluft ein. Hie und da kommt jemand nachfragen nach Zimmern für den Sommer. Er erkundigt sich, ob es auch ruhig sei. Man sichert es ihm zu. Aber kann man es verantworten?! Jetzt, jetzt ist es ruhig und strotzend von Kastanienblüten! Frühlingsferien und Spätherbstferien, das wäre das Paradies! Aber Sommerferien erdrücken! Alles stürzt sich gleichsam auf die Pracht der Natur im Sonnenbrande, der ausdörrt. So lange die kühlen Zimmer noch ihre Täfelchen haben: »Zu vermieten«, streicht ein Hauch von kühlendem Frieden durch die Landschaft!

Rüdiger Görner: Badener Etüden

Die heutige Stadt Baden läßt sich überspitzt als ein Wechselspiel zwischen einer durch die Nähe Wiens gegebenen urbanen Modernisierung und der omnipräsenten »großen Vergangenheit« begreifen. Letztere besteht nicht nur aus den alten, monarchiegelben Kurgebäuden, sondern wird auch aus den Aufenthalten bedeutender Künstler hergeleitet: Wolfgang Amadeus Mozart und seine Frau Konstanze hielten sich häufig hier auf. Görner bezieht sich auf Mozarts »Ave verum corpus«, das in seinem Todesjahr 1791 in der Stephanskirche uraufgeführt wurde. Und mit dem »Tauben« meint er Ludwig van Beethoven, der hier an der 9. Symphonie arbeitete.

Kurpark in Baden

Silberne Knospen
schwimmen im Sohlebecken
KUREN AUCH SIE. KUREN SIE MIT.

Gestern noch
blutende Finger auf der Tastatur.

Verlöscht Sterne,
die Kurer frühstücken jetzt.
Und wie das Stundenglas funkelt.
Trinken wir auf den Bau der Ruine
mit Grapefruit-Saft; dann die morgendliche
Schäkerei. Leicht geschlitzte Augen
lesen Menükarten: verjährte Dotter
mit Graupen und Zimt.
Und dabei kniete hier einmal ein Kaiser,
und das *Ave verum* erklang hier zum ersten Mal;
und hier skizzierte ein Tauber das Manifest der Töne.

Gondeln fehlen hier.
Und DEEP PURPLE ROCK.
Aber das Gelb wiegt alles auf.
Das in Strömen fließt.
Über den Markt, durch die Gassen
in die Kirche. Gelbes Weihwasser,
gelb parfümierte Stunden.
Und die Juden- und Türkenwitze
hinter der gelben
vorgehaltenen Hand.

Und ich lehne
am alten Badhaus
und summe
ein vergessenes Lied.

Ehemalige Schwimmschule in Baden

H. C. Artmann: Brief

In einer idyllischen Talsenke des Wienerwaldes liegt das Stift Heiligenkreuz, ein wichtiger Zeuge aus der Anfangszeit des Landes: Es ist das älteste Zisterzienserstift Österreichs, von Markgraf Leopold dem Heiligen 1133 gegründet; in der Kirche liegt der letzte Babenberger, Friedrich II., begraben.
Doch der Poet H. C. Artmann schreibt nichts von dieser geschichtsträchtigen Schwere, ihm bietet der Klosterhof Labung während einer Wienerwaldwanderung und Anlaß, in Frühlingseuphorie zu schwelgen:

Heiligenkreuz, 30. 3. 66

Lieber engel,
ich schreib dir aus dem Stift Heiligenkreuz, wo ich eben eingekehrt bin, ein viertel wein trink und dazu ein hausbrot mit kaiserfleisch verzehr. Im moment hab ich noch gar keine ahnung, wo mich der wind heut noch hintragen wird, vielleicht gehts übern

berg nach Hainfeld rüber, weisst, über Alland, ich kenn mich nicht mehr so recht aus, war ja seit fünfzehn jahren nicht mehr in dieser gegend, aber das ist ja grad das schöne daran: die ganzen berg rundherum stehn wie frischbadt in der sonn, alles ist so neu als wärs der erste tag und überall aus dem alten laub kommen die jungen primeln vor. Jetzt ists gegen elfe vormittag und die linden im klosterhof haben schon ganz schöne blatterln angesetzt und glänzen in der sonn; die klosterbrüder habens ebenfalls gnädig,

Stiftshof Heiligenkreuz

weiss gar nicht, was die heute haben, wird schon was bsondres sein, ich will sie nicht fragen. In einem waldgraben zwischen Mayerling und Heiligenkreuz hab ich die ersten veigerln entdeckt, habs dort für dich stehn lassen, und wie ich nachher auf die strassen raus bin, hat der kuckuck zum erstenmal gschrien, hab aber glücklicherweis noch einen hunderter in der taschen gehabt, du weisst, wie ich an solche sachen glaub. Du, mir scheint, wir haben frühjahr! Ja, da werd ich eben noch ein viertel trinken, aber dann gehts wieder weiter, und vielleicht komm ich gegen abend doch noch bis Hainfeld; möglich ists aber auch, dass ich an einer ganz anderen ecke heraussteig – im Wienerwald geht man ja doch bloss seiner nasen nach.

Also alles liebe dann für heut, ich geb dir diesen brief gleich im stift auf. Er soll dir ein bissl ein gmisch von weihrauch, sonn und veigerln mitbringen.
Dein Hans

Reinhold Schneider: Winter in Wien

Während eines Wien-Aufenthalts 1957/58 besuchte der baden-württembergische Schriftsteller Reinhold Schneider das Stift Klosterneuburg. Für ihn, dessen christlich-ethisches Werk immer wieder um den Widerspruch zwischen weltlicher Macht und göttlicher Gnade kreist, wurde der mächtige Stiftskomplex vor den Toren Wiens zum Inbegriff der Symbiose dieser beiden Gegensätze:

Um die grüne Kuppel, auf der die Kaiserkrone hoch über dem Lande ruht, sollten sich acht Kuppeln scharen als Träger der habsburgischen Kronen. Der Palast, den Karl VI., als Letzter des Mannesstammes repräsentativ zusammenfassend, in Klosterneuburg errichten wollte, war eine phantastische Konzeption. Die Fundamente der babenbergischen Residenz vom Anfang des 12. Jahrhunderts sollten ihn tragen, gestufte Wälle die kühn geschwungenen Fronten umgürten, die Donau sollte das Klosterschloß umspülen, während der Blick offen war auf die einander begegnenden Gebirge und Räume. Der Haupttrakt, den die Kaiserkrone schmückte, war gegen Wien gerichtet. Gewiß: eine der Variationen des Escorial, die von Monte Cassino über das katalonische Königskloster Pobled bis Mafra am portugiesischen Atlantik spielen: der Herrscher als Nachbar des Mönchs, Herrschaft eingebettet in Gottesdienst, in Liturgie. Aber die neun Kuppeln hätten wohl die Türme und den ernsten Stiftsbau erdrückt; die Weltlichkeit hätte gesiegt. Nun ist die Basilika, deren romanische Wucht strahlende barocke Draperien trägt, Siegerin; sie allein noch spricht in das Land hinaus, sie und Bruckners geliebte Orgel auf der Empore. Die Glorie, die Tugendkraft des Hauses

Stift Klosterneuburg

Habsburg, die der Himmel der Eingangskuppel des Kaiserpalastes verkündet, sind stumm. Die Kaiserin reicht dem Gemahl ein Herz; eine Pflanze sprießt daraus hervor; Fruchtbarkeit umblümt das Paar, und die Tuba trägt den Ruhm zu den Sternen, hinab auf die Erde.

Franz Kafka: Brief an die Eltern

Kierling ist eine kleine, unscheinbare Ortschaft im Wienerwald hinter Klosterneuburg. Hier starb der – wie viele meinen – bedeutendste deutschsprachige Schriftsteller des 20. Jahrhunderts. Franz Kafka kam 1924 in das kleine Privatsanatorium Dr. Hoffmann, um sich auszukurieren. Doch bei der Ankunft im April war seine Lage bereits aussichtslos. Der von seiner Kehlkopftuberkulose schwer gezeichnete Schriftsteller faßte aber immer wieder Mut, wovon auch sein letzter, einen Tag vor seinem Tod geschriebene Brief berührendes Zeugnis ablegt:

[Kierling, Sanatorium Dr. Hoffmann, 2. Juni 1924]

Liebste Eltern, also die Besuche, von denen Ihr manchmal schreibt. Ich überlege es jeden Tag, denn es ist für mich eine sehr wichtige Sache.

Nun erstens wird ja wahrscheinlich der Vater wegen der Paßschwierigkeiten nicht kommen können. Das nimmt natürlich dem Besuch einen großen Teil seines Sinnes, vor allem aber wird dadurch die Mutter, von wem immer sie auch sonst begleitet sei, allzusehr auf mich hingeleitet sein, auf mich verwiesen sein, und ich bin noch immer nicht sehr schön, gar nicht sehenswert. Die Schwierigkeiten der ersten Zeit hier und in Wien kennt Ihr, sie haben mich etwas heruntergebracht; sie verhinderten ein schnelles Heruntergehn des Fiebers, das an meiner weitern Schwächung arbeitete. Das alles wirkt zusammen, daß ich trotz meiner wunderbaren Helfer, trotz guter Luft und Kost, fast täglichen Luftbades noch immer nicht recht erholt bin, ja im Ganzen nicht einmal so imstande, wie etwa letzthin in Prag. Rechnet Ihr noch hinzu, daß ich nur flüsternd sprechen darf und dies nicht zu oft, Ihr werdet gern auch den Besuch verschieben. Alles ist in den besten Anfängen – letzthin konstatierte ein Professor eine wesentliche Besserung des Kehlkopfes und wenn ich auch gerade diesem sehr liebenswürdigen und uneigennützigen Mann – er kommt wöchentlich einmal mit eigenem Automobil heraus und verlangt dafür fast nichts, so waren mir seine Worte doch ein großer Trost – alles ist wie gesagt in den besten Anfängen, aber noch die besten Anfänge sind nichts; wenn man dem Besuch – und gar einem Besuch, wie Ihr es wäret – nicht große unleugbare, mit Laienaugen meßbare Fortschritte zeigen kann, soll man es lieber bleiben lassen. Sollen wir es nicht also vorläufig bleiben lassen, meine lieben Eltern?

Entlang der Westbahn und in die Voralpen

Landschaft bei St. Pölten

Viele Eindrücke von Niederösterreich werden mit Automobil oder Zug »erfahren«. Das gilt insbesondere für die Landschaften entlang der meistbefahrenen überregionalen Strecke Österreichs, der West(auto)bahn. Auf dem Weg von oder nach Wien durchquert man das Mostviertel, wie man das Alpenvorland hier nennt, vorbei an der neuen Hauptstadt St. Pölten. An Kirchstetten östlich von St. Pölten zieht der nahe Bahn- und Autoverkehr achtlos vorüber: Und doch wurde der kleine Ort Heimat für zwei bedeutende Literaten, Josef Weinheber und W. H. Auden, und zum Inbegriff für beschauliches und bescheidenes Leben und Arbeiten am Land.

Entlang der Westbahn liegen die Ausgangspunkte für Erkundungen in die Voralpen, die sich im Süden an das Alpenvorland anschließen: eine abgeschiedene Gegend mit ausgedehnten Wäldern. So findet man zwischen den meist 1000 bis 1500 Meter hohen kleinen Geschwistern der Alpen die letzten Köhler des Landes und um den Ötscher tummelt sich sogar eine kleine Braunbärenkolonie. Es war diese Zurückgezogenheit, die bereits um die Jahrhundertwende viele Sommerfrischengäste wie die Familien Nabl oder Drach schätzten.

Jutta Schutting: Reisefieber

Für zwei österreichische Gegenwartsautoren war es scheinbar prägend, an der Westbahn, im »Durchzugsort« Amstetten aufgewachsen zu sein. Sie schildern jeder auf seine Art diese Erfahrung im wörtlichen Sinn: Jutta Schutting erinnert sich an die Aufregungen einer der ersten Bahnfahrten vom Heimatort nach Pöchlarn; in Paulus Hochgatterers Erstlingsroman sammelt eine der drei Hauptfiguren auf derselben Strecke »die unglaublichsten Eindrücke«.

Frühe Reisen

mit der Mutter in einem Eisenbahncoupé zu sitzen, das wie ein kleiner Stall in Boxen unterteilt ist und in dem einander gegenüber gesessen wird wie in einem Pferdeschlitten. ich solle hinausschauen auf die Donau, und da hält mir eine weißhaarige Dame eine nie zuvor gesehene wachsblaue Weintraube hin, von der schwarzes Donauwasser tropft, die Mutter nickt, und so koste ich, so also schmeckt das Erschrecken, daß jemand ganz Fremder etwas von einem will, indem er einem gibt! in Pöchlarn dann gibt es bloßfüßige Gassenkinder, weil aus den Pflastersteinen der Donausand steigt, an den Straßenrändern sitzen sie und kratzen Sand zusammen, und dann gibt es auch noch aus ihren Häusern nach vorne gezogene Fensterzimmer, so ganz anders ist Pöchlarn als Amstetten!

Paulus Hochgatterer: Über die Chirurgie

Er saß in jenem Schnellzug, der den Bahnhof Amstetten um neun Uhr siebenunddreißig erreicht und um neun Uhr neununddreißig wieder verläßt. Der Bahnsteig war weitgehend leer; es stiegen lediglich eine junge Mutter, welcher der Schaffner beim Verladen des Kinderwagens half, und ein Mann mit einer roten Wollmütze zu. Er war von München nach Wien unterwegs. Es war Donnerstag.

Beim Ausfahren lagen rechts von den Geleisen endlose Berge von Autowracks. Links flog ein Schwarm Rebhühner auf. Bahnfahren beschert die unglaublichsten Eindrücke, dachte er.

Er hatte ein dreihundertfünfzig Seiten starkes Manuskript vor sich liegen, in dem versucht wurde, anekdotisch mit den Jahren um 1968 umzugehen. Der Verfasser nannte sich einen Postexistentialisten, gab sich als Schüler von Habermas und Derrida aus und war achtundvierzig Jahre alt. Er hatte sich zwischen München und Attnang-Puchheim durch die ersten fünfzehn Seiten gequält und seither nichts mehr gelesen. Er hatte kein einziges Mal gelacht. Er würde das Manuskript nicht annehmen.

Der Zug hatte eben den Taleinschnitt passiert, und links vorne tauchte der Kirchturm von St. Georgen am Ybbsfeld auf. Das gelbe Bahnwärterhaus mit dem Schranken, der immer noch händisch bedient wurde, huschte vorbei. Vor dem Gemüsegarten wuchsen Holunderbüsche.

Er packte das Manuskript in seine Tasche, lehnte sich zurück und ließ die Fingergelenke knacken. Die beiden älteren Damen im Abteil jenseits des Mittelganges unterhielten sich über die heutige Jugend. Die eine sagte etwas von lauter Kommunisten, die andere verstrickte graubraune Mohairwolle und nickte. Plötzlich rief die erste: Maria Taferl! Die beiden kamen zu ihm herüber, entschuldigten sich vielmals und starrten aus dem Fenster. Die Rollfähre zwischen Marbach und Krummnußbaum befand sich etwa in der Mitte des Stromes. Das Halteseil zog einen flachen Bogen durch die Luft. Die Damen entschuldigten sich erneut vielmals und nahmen wieder ihre Plätze ein. Sie begannen Schokoladeeier zu essen. Ostern ist zwar erst in vierzehn Tagen, sagte die eine. Die andere nickte.

Pöchlarn wurde nach wie vor von dem großen Lagerhaussilo beherrscht. Bahnfahren beschert die unglaublichsten Eindrücke, dachte er.

Paula von Preradović: Sonett auf das Sankt-Pöltener Land

Die neue niederösterreichische Hauptstadt und ihre Umgebung sind ein wenig besungener Landstrich. Paula von Preradović, die Dichterin der österreichischen Bundeshymne, erhebt diese Zurückhaltung zur Tugend:

Du Landschaft, aus verschütteten Bezirken
Der Seele tauchend! Schlichte Landschaft! Weit
Wölbt sich der Himmel deiner Nördlichkeit
Ob Pappelzeile, Weidenstrunk und Birken.

Es schmiegen sich in strengen Musters Treue
Die bunten Äcker ins gewellte Land,
Indes Gebirge dich am Himmelsrand
Umsteht in schwindend blasser Dämmerbläue.

O Landschaft, demutsvoll und unbesungen!
Durchs Auendickicht läuft der Schierlingspfad,
Der schattenkühle, siebenfach verschlungen.

Die Sommerwiese weht am Hügelgrat,
Und fernher grüßen über Wälderzungen
Die Zwiebeltürme deiner alten Stadt.

Blick auf das FestSpielHaus in St. Pölten

Josef Weinheber: Kirchstetten

Wie nur wenige andere Ortschaften verdankt das kleine Kirchstetten an der Westbahn seine Bekanntheit ausschließlich der Literatur. Genauer gesagt dem Umstand, von zwei berühmten Literaten zum Wohnsitz erwählt worden zu sein. Der eine – Josef Weinheber, bis heute einer der bekanntesten, durch sein zeitweises Nahverhältnis zur NSDAP aber auch umstrittensten Lyriker Österreichs – lebte hier bis zu seinem Tod 1945; der andere, Pulitzerpreisträger und in New York lebend, wurde hier 1958 auf der Suche nach einem Zweitwohnsitz fündig: W. H. Auden.

Also komm, und nimm sacht meine Hand!
Hier ist Lehm, hier ist Luft, hier ist Land,
hier ist alles, das Erdengegebene.
Wie, du meinst, das sei schön und das nicht?
Laß dir Zeit! Hier im Übergang spricht
das Gebirge so gut wie die Ebne.

Fühlst du nicht, wie das Lähmende hier
sich ins Feld legt, als wär es ein Tier

mit geduldigem, gähnenden Lauern?
Oder nicht, wie da mählich die Kraft
des Gesteins sich ins Göttliche rafft,
um zu sein, zu beruhen, zu dauern?

Josef-Weinheber-Gedenkstätte in Kirchstetten

Also komm, dir ist alles hier neu.
Spür den Sturm! Und der macht sich schon frei
für den Blick, unser Nächstes zu sehen.
Freilich siehst du vielleicht nur den Weg,
üble Stelle, verfallenen Steg –
Aber komm nur, du wirst schon verstehen.

Dies ist alles in Wirklichkeit gut.
Schau die Blumen an! Menschliche Hut
unternahm hier, wie sonstwo, das Gute.
Es ist alles so einfach gemacht,
und die Sterne darüber stehn Wacht.
Wird dir da nicht ganz heimisch zumute?

Denn was hast du denn sonst? Ist ja schön,
wenn die Weltläufer weltläufig gehn –
Aber uns bekommt nur das Eine:
Dieses Hier, dieses Jähe im Schritt,
und schön langsam, so kommst du schon mit,
und das Unsrige wird auch das Deine.

Da die Kirche, der Friedhof, der Wirt:
Wie's dem Leben und Sterben gebührt,
alles nah bei der Hand und im Orte;
die paar Dorfgassen, Giebel und Haus,
und schon läufts in die Flurbreiten aus,
hanghinauf zieht der Wald seine Borte.

Und die Höfe hocken da weit
voneinander, im Gstockert, im Kreith,
am Moosegg und hinüber nach Waasen.
Nur in Hinterholz siedeln sie dicht,
und der Mann von der Eisenbahn sticht
da sein Garterl um, hält ein paar Hasen;

wenn's schon hoch kommt, zwei Ziegen, ein Schwein.
Ihm genügts, und uns ginge es fein,
wenn wirs – heutzutags gar – nur so hätten!
Doch komm weiter! Wär gut, wenn du hier
derbes Schuhwerk anhättest wie wir –
Kannst dich anders vorm Dreck da nicht retten.

Also spring schon! – Oh weh! – und da hast
du dich hingesetzt, freundlicher Gast.
Ist nur Heimaterde, verwind es!
Sieh den Wald! Wie es dämmerfeucht braut
und der Himmel darüber her schaut
mit dem blauen Blick eines Kindes –

Und den Wald durch, zur Rechten hinaus,
plötzlich leuchtets – da steht uns das Haus
in dem reifen, herbstgelben Lichte!

W. H. Auden:
Pfingstsonntag in Kirchstetten

Gnade tanz. Ich möchte pfeifen. Tanzt alle!
(Acta Ioannis)

Komm Schöpfer Geist, plärr ich, während Herr Beer
unseren Obolus einsammelt und Pfarrer Lustkandl
still mit dem Opfer fortfährt,
wie Rom es tut. Draußen vollziehen Auto-Anbeter
den rituellen Exodus aus Wien,
den ihr Erfolgskult verlangt, obwohl sie
wie ihre Fußgängerväter die Zeit nach der
jüdischen Woche und dem christlichen Jahr berechnen.
Wenn die Messe aus ist,
wird man zu mir, einem Anglikaner,

herzlich »Grüß Gott!« sagen und um eine Spende
für die *Caritas* bitten, ich, ein Zugereister, werde
heimgehen, um auf eigenem Grund und Boden mittagzuessen.
Natürlich wäre die Gemütlichkeit nicht so groß, hätten
die Aliierten die Ostmark nicht erobert, würde der
Dollar fallen – doch waren der Friede und sein Begleiter,
das Lächeln, jemals weniger schön, nur, weil unverdient?
Im Zwiebelturm über mir
läuten die Glocken zur Wandlung, rufen
Österreich auf, sich zu ändern. Ob die Welt sich
gebessert hat, ist zu bezweifeln, doch wir glauben, die
könnte es (der göttliche Tiberius tats nicht). Freue dich,
rufen die Glocken mir zu. Blakes alter Niemandsvater
in seinem astronomischen Fernrohrhimmel,
der große weiße Christ der Beletage, ist tot,
wird nie mehr kommen, um uns zu ärgern oder
Bomben zu segnen:
Nicht mehr müssen die Söhne des Mittelstandes
ihr Geschick mit Zwetschkenkernen entscheiden,
»*Heer, Marine, Gesetz, Kirche!*« rufen; kein Fürst
bestimmt mehr, wer *papabile* ist. (Der Affe des
lebendigen Gottes versteht Begräbnisse so zu arrangieren,
wie Sünder es schätzen, doch Babel und Sodom
haben noch immer genug zu bieten, wenn sie auch
bessere Kundschaft anziehen.) Freue dich: wir,
die von Geburt an taub waren, können nun rauhen
Außenseitern zuhören. Der Heilige Geist
verachtet nicht den Jargon eines Golfspielers,
den Dialekt eines Niederösterreichers, nicht einmal
den Tonfall meines eigenen anglo-amerikanischen
Musik- und Literaturkreises (Heiligen gelingt es sogar,
sündlos in Algebra zu denken): nur geheiligten Unsinn
verträgt er nicht.
Der Silberzauber schmilzt, die Stammesformeln
sind dechiffriert: seit diesem Morgen ermöglicht es

ein völlig weltliches Vokabular, unseren Feinden
aus dem Lexikon zu übersetzen: daß wir versuchen,
ein jeder in seiner Sprache, die wahren *magnalia*
auszudrücken, die keine Heiligsprechung von uns
benötigen, indem wir Begriffe entlehnen,
Gräber und Legenden austauschen.
(Vielleicht dachte nur ich in dem Augenblick,
als Kirchstetten für die Toten betete, an Franz Joseph
den Unglücklichen, der nur einmal in sechsundachtzig Jahren
tanzte und nie das Telefon benutzte.)
Das Altarglöckchen bimmelt,
während der Leib des Zweiten Adam einigen seiner
Peiniger gezeigt wird, zwingt sie, sich ferne Feinde
vorzustellen, die auch das Recht haben,
Hybridmais zu bauen und so schlecht zu sein
wie ein *Abendlander*. Neunzig Kilometer Krähenfluglinie
von hier sind unsere Bräuche zu Ende,
sagen Minenfelder und Wachtürme: NO EXIT aus der
friedlichen Krimtartarei, außer für Krähen und
Friedensvermittler. Zwischen Loipersbach und der
Beringsee gibt es keinen Börsenmakler, Kirchgänger
werden wie Bordellbesucher scheel angesehen
(Schach und Physik sind allerdings gleichgeblieben).
Wir werden euch begraben und beim Totenschmaus
tanzen, sagen ihre Bonzen. Das ist unwahrscheinlich,
sagt der Verstand.
Doch habe ich für die meisten die falsche Farbe:
es könnte auch der Plünderer an der Reihe sein,
Latrinen zu putzen und Prügel zu bekommen,
meine Landsleute, die Afrika in Hosen steckten und
unseren Geruch zu keimfreien Polen trugen.
Durchs gotische Schiff zieht unser Pfarrer nun,
segnet den Westen mit Wasser: Wir dürfen gehen.
Es gibt im Englischen kein Wort für *Geist* oder *Esprit*:
Von Katastrophen, und, wie man sich in einer

verhalten soll, weiß ich nur, was jeder weiß:
wenn Gnade tanzt, daß ich dann tanzen sollte. –

Juli 1962
(Übers.: Johannes W. Paul)

Franz Nabl: Voralpen

Zehn Jahre lang, von 1891 bis 1901, verbrachte die Familie des Schriftstellers Franz Nabl ihre Sommer auf dem »Gstettenhof« hinter Türnitz im Traisental. Der »Ödhof«, so der Titel seines erfolgreichsten Romans, hat sein Vorbild im Familiengut. Für Nabl wurde in dieser Zeit die Voralpenlandschaft zur eigentlichen Heimat:

Den Voralpen fehlt manches, was ihre stolzen, höheren Nachbarn auszeichnet. Sie sind im großen Landschaftshaushalt der arbeitsame, nach außen hin nicht allzu auffällige Mittelstand. Sie besitzen keine wolkennahen Felsburgen, keine schimmernden, unfruchtbaren Eispaläste. Ihre Felsen bergen die Füße unter waldigen Teppichen und ziehen sich gern eine kleinbürgerliche Waldhaube über den Scheitel. Aber ragen ihre Gipfel auch nicht so hoch an die Gestirne heran, so sind sie dafür auch nicht so feierlich stumm und können mit Baumkronen und Singvögeln jene heimlichen, guten Worte raunen, nach denen eine geängstigte Seele verlangt. Und weil von ihren Rücken kein Eishauch niederweht, obwohl der Winter früh im Herbst seine Herrschaft in ihren Tälern aufrichtet und sie spät ins Frühjahr behauptet, so reifen Frucht und Saaten bei ihnen doch reicher als unter den adeligen Gletschern der Hochalpen. »Hier ist gut sein, hier lasset uns Hütten bauen!« Das strömt klingend aus ihren Äckern und Wäldern, der Rauch ihrer Kohlenmeiler trägt es weit durch den Graben, und die vielen in Obstgärten gebetteten Bauernhöfe, oft hoch an die Berglehnen hinaufgebaut, legen Zeugnis dafür ab. Die Fichten und Lärchen aber von den Steilhängen, die haben hier ein gutes, heimatliches Sterben. Nahe dem Fleck, wo sie keimten und Wurzel schlugen, wo sie aufwuchsen und endlich von Holzknechten geworfen wurden, nahe diesem Fleck dürfen sie ihre letzten harzduftenden Atemzüge verhauchen. Denn in jedem Graben arbeitet sich zwischen Moos und Stein eine Wasserader bergunter, und wo die Gräben zu Tälern zusammenlaufen, da fließen die Adern zu breiten Bächen ineinander. Hinter ihren dämmernden Klippen lauert die Forelle, der rot und schwarz gesprenkelte, ewig hungrige Raubritter der Voralpengewässer, auf Beute, und an alle diese Bäche sind allenthalben altväterische Brettsägen hingestellt, deren rastlos auf und ab steigendes Sägeblatt die entrindeten Baumstämme – Bloch nennt sie der Gebirgler – der Länge nach zu schön gefladerten Laden zerteilt. Der heisere Sang der Brettsäge und der schrille, an Sirenengeheul erinnernde Ton, mit dem von Zeit zu Zeit das Blatt geschränkt wird, die gehören zur Melodie der Voralpen wie das abendliche Gedengeltwerden der Sense während der Heumahd, wie das verhallende Jauchzen von den Almwiesen und das neugierig-erschreckte Gekreisch des Tannenhähers beim Nahen des Menschen.

Albert Drach: Lunz

Wie Franz Nabl verbrachte auch Albert Drach einige Kindheitssommer zu Beginn des Jahrhunderts in den Voralpen, genauer in Lunz am See. Die Literatur der beiden ist nicht vergleichbar, ein Einfluß durch Aufenthalte in der Gegend auf das Schreiben sehr wohl. Drach: »Lunz war gewiß die Stelle, an der ich als Kind gehofft, dem Sterben durch Verfertigung von Versen zu entgehen«:

Das letzte Erlebnis von damals, das mit dem Lunzer See zu tun hatte, war schon gegen Ende des Sommers. Ich war mit Mitzi Hansmann gerade dort angelangt, wo mein Vater vordem die Bootsfahrt begonnen und geendigt hatte, als er mit den Kupelwiesern in Konflikt geraten. Diesmal war ich mit der Bonne allein, als man gerade einen Leichnam aus dem Wasser zog und mit den Worten Horuck auf einen bereitstehenden Leiterwagen warf. Das Gesicht des Toten war übermäßig dick, die Nase fehlte allerdings, und auch an den Lippen waren Stücke angeblich

Lunzer See

von Karpfen angefressen. In den Augenhöhlen schien überdies keine Pupille mehr zu stecken. Man sprach davon, daß der Ertrunkene, bevor er vierzehn Tage im Wasser gelegen sei, betrunken gewesen war. Als die Leute, die ihn auf den Leiterwagen geworfen hatten, bemerkten, daß ein Kind, nämlich ich, den Vorgang gesehen, schleuderten sie noch einen Jutesack über das wenig anziehende Gesicht des ertrunkenen Betrunkenen. Ich aber hatte genug gesehen, um nicht mehr sterben zu wollen. Mitzi Hausmann allerdings wußte kein Mittel gegen den Tod. Meine Mutter hinwiederum wollte mich glauben machen, daß ich, weil ich bei der Geburt scheintot gewesen, nicht mehr sterben müsse. Aber da ich es diesmal wußte, daß Schein und Sein nicht dasselbe sind, ließ ich es diesmal bei ihrer Aufklärung nicht bewenden. Mein Vater nun, der knapp vor seiner Abreise stand, ließ mich noch wissen, daß Helden und Künstler unsterblich seien.

Ein Held zu werden, versuchte ich zunächst. Aber meine körperlichen Kräfte waren denen der Bauernkinder unterlegen. Ich wollte dann Bildhauer werden, und mein Vater kam noch einmal nach Lunz und brachte mir Ton, denn sein verstorbener Freund Tilgner, der auch jene Büste aus Marmor gemacht, die angeblich die Kaiserin Elisabeth darstellte, in Wirklichkeit aber die erste Frau meines Vaters, war auch Bildhauer gewesen. Was ich aber aus Ton zustandebrachte, war fern von der Kunst dieses Mannes. Darauf brachte mir mein Vater Farben und legte mir nahe, mich als Maler zu versuchen.

Auch dieser Versuch schlägt – wie der nachfolgende als Komponist – fehl, erst das Verseschmieden läßt Hoffnung schöpfen.
Ein Großteil des Sees mit seinen Ufern sowie das nahe Schloß sind übrigens immer noch im Besitz der erwähnten Familie Kupelwieser. Ausgedehnter Privatbesitz ist nicht untypisch für diese Gegend und entsprechend ausgeprägt ist der Landschaftsschutz.

Die Donau

Blick von der Burgruine Aggstein auf die Donau

Die Donau teilt Niederösterreich in zwei Hälften; aber sie ist wie jeder große Strom für die sie umgebenden Landschaften viel zu prägend, um bloß »Grenzfluß« zu sein. Karl-Markus Gauß sieht im Auflösen der Grenzen sogar die ureigenste Bestimmung der Donau. Man ist hierzulande stolz darauf, daß die Nibelungen auf dem Weg zu Etzel in Pöchlarn einkehrten und hat den ersten Donau-Abschnitt in Niederösterreich »Nibelungengau« genannt. Ihm folgen die bekanntesten Stromkilometer in Österreich: Die Wachau. Film und Fernsehen trugen viel zur Popularität dieser Landschaft bei, doch schon lange vor den »Mariandl«-Filmen wußte sie die Durchreisenden zu faszinieren, 1836 die Engländerin Frances Trollope, hundert Jahre später Gertrud Fussenegger. Die Stadt Krems, der Claudio Magris mit viel Ironie begegnet, bildet den Endpunkt der Wachau. Danach durchfließt die Donau das Tullner Becken und die Bundeshauptstadt, um auf ihrem letzten Abschnitt in Österreich eine der besterhaltenen Aulandschaften Europas – seit kurzem Nationalpark – zu bilden. Am südlichen Rand der Au liegen die Reste des Römerlagers Carnuntum, Marc Aurel, römischer Kaiser und Philosoph, verhalf ihm durch seine Aufenthalte zu Berühmtheit. Nördlich der Au schließt sich die weite Ebene des Marchfelds mit seinen vielen Schlössern an, im Übergang von Au zur Ebene errichtete Gerhard Fritsch sein imaginäres Schloß »Schwarzwasser«.

Karl-Markus Gauß: Der übernationale Fluß

Österreich ist zwar laut Bundeshymne gleich nach einem Land der Berge ein Land am Strome, und gerade für Niederösterreich ist die Donau prägend, doch für den Essayisten Karl-Markus Gauß läßt sich der längste Fluß Europas nicht national vereinnahmen. Gauß nennt das Übernationale die »Lehre der Donau« und meint, daß in Österreich zu selten über die Grenzen hinaus gedacht wird, obwohl man sich hierzulande gerne auf seine Vergangenheit als »Donaumonarchie« beruft und das Land übersät ist mit Zeichen einer grenzüberschreitenden Geschichte:

Der Oberlauf der Donau gehörte dem Kaiser, der Unterlauf dem Sultan. An deren jahrhundertelangen Kampf erinnert noch heute manches selbst in abgelegenen Dörfern des Hinterlandes und natürlich in den Städten am Fluß. An vielen Orten ist so jener Grimm nie erlahmt, mit dem am Portal der Pfarrkirche St. Stephan in Tulln an der Donau ein österreichischer Doppeladler seit Jahrhunderten einen Türkenschädel in seinen Krallen hält.

Portal an der Pfarrkirche St. Stephan in Tulln

Seit damals, als Österreich sich zur Donau-Monarchie entfaltete und das Osmanische Reich seine europäischen Bastionen noch nicht preisgeben mochte, sind es erheblich mehr Staaten geworden, die von der Donau durchflossen werden. Immerhin zehn waren es bei der letzten Zählung – auf mehr bringt es kein anderer Fluß dieser Erde, und wäre er, wie der Jangtsekiang, Nil, Mississippi oder Amazonas, mehr als doppelt so lang wie die Donau.

Das Land an der Donau selbst, durch die Geschichte so geformt wie durch die Natur, widerspricht der Zwangsvorstellung eines Kontinents, der aus lauter Nationalstaaten gebildet wird. Über Jahrhunderte waren die Völkerschaften, Nationalitäten und Religionsgemeinschaften auf der Donau und der Donau entlang in Bewegung gewesen. Auf Schiffen, deren menschliche Fracht oft in die Tiefe gerissen wurde, auf Pferdewagen, die durch verseuchtes Gebiet fuhren, zu Fuß im Trott von Legionären und Söldnern; auf der Flucht vor religiöser Verfolgung, getrieben von der Sehnsucht nach eigenem Land, von den Mächtigen in die Fremde geschickt oder verlockt – in den Ländern der Donau waren die Menschen immer unterwegs, und wenn sie sich glücklich irgendwo seßhaft machten und eine Ansiedlung gründeten, wohnten schon im nächsten Dorf Menschen, die ihnen gleich waren nicht in Sprache und Ritus, aber im Schicksal: von irgendwo hierher verschlagen, voller Hoffnung, ihren Platz auf der Erde gefunden zu haben, an dem sie bleiben, arbeiten, sich vermehren und den Ihrigen einigen Wohlstand auf fruchtbarem Boden erwerben konnten. Gänzlich untrennbar sind die Nationalitäten im Donauraum ineinander verflochten, und wo einer herkommt, wie seine Großeltern sprachen, in welchem Gotteshaus wiederum deren Eltern ihre Gebete aufsagten, ist da zumeist durch keine Ahnenforschung mehr zu belegen.

Das Nibelungenlied

Eines der bekanntesten, zugleich eigenartigsten und faszinierendsten Werke mittelhochdeutscher Literatur ist zweifelsohne das Nibelungenlied. Man kennt den Dichter nicht, er dürfte aber dem Donauraum entstammen, Passagen wie die hier angeführte belegen diese These. Als Entstehungszeit nehmen die Forscher die ersten Jahre des 13. Jahrhunderts an. Nachdem Kriemhild nach ihrer Hochzeit in Wien einige Zeit glücklich mit dem Hunnenkönig Etzel zusammengelebt hatte, bat sie ihr Gemahl, ihre Wormser Verwandten zu einem Fest einzuladen. Die Nibelungen machen sich trotz schrecklicher Prophezeiungen auf zur Etzelnburg. Der Weg führt sie durch das Donautal über Passau nach »Becheláren« (Pöchlarn, das sich heute stolz »Nibelungenstadt« nennt). Dort erleben sie einen letzten, unbeschwerten Tag, bevor sie, zusammen mit ihrem Gastgeber, Markgraf Rüdiger, aufbrechen:

Der wirt wart wol bereitet   mit fünf hundert man
mit rossen und mit kleidern.   die fuort' er mit im dan
viel harte frœlîchen   zuo der hôhgezît:
der einer mit dem lebene   kom nie ze Bechelâren sît.

Mit kusse minneclîche   der wirt dô dannen schiet;
alsô tet ouch Gîselher,   als im sîn tugent riet.
mit umbeslozzen armen   si trûten schœniu wîp.
daz muose sît beweinen   vil maniger juncvrouwen lîp.

Dô wurden allenthalben   diu fenster ûf getân.
der wirt mit sînen mannen   zen rossen wolde gân.
ich wæn' ir herze in sagete   die krefteclîchen leit.
dâ weinte manic vrouwe   und manic wætlîchiu meit.

Nâch ir lieben friunden   genuoge heten sêr,
die si ze Bechelâren   gesâhen nimmer mêr.
doch riten si mit vreuden   nider über sant
zetal bî Tuonouwe   ûz in daz hiunische lant.

Rüdiger ließ fünfhundert Mann, ausgestattet mit Rossen und Gewändern, sich auf die Abreise vorbereiten. Mit diesen machte er sich frohgemut auf dem Weg zum Fest. Doch keiner von ihnen ist lebend nach Pöchlarn zurückgekommen.

Der Hausherr verabschiedete sich mit innigen Küssen; Giselherr, seiner Ritterlichkeit gedenkend, tat es ihm gleich. Sie umarmten ihre schönen Frauen. Das mußten seitdem viele Jungfrauen beweinen.

Auf allen Seiten wurden die Fenster geöffnet, als Rüdiger mit seinen Mannen die Pferde bestieg. Ich denke, sie ahnten das künftige furchtbare Leid. Deshalb sah man viele Frauen und schöne Jungfrauen weinen.

Den zurückgelassenen Lieben blieb der Schmerz. Es sollte in Pöchlarn kein Wiedersehen mehr geben. Doch die Männer ritten frohen Mutes am Donauufer hinab in das Hunnenland.

Gertrud Fussenegger
Das große Ensemble: Die Wachau

Gertrud Fussenegger, eine »Grande Dame« der österreichischen Literatur, gehört zu jenen, die Österreich zu Zeiten des Nationalsozialismus nicht verließen. Die Schriftstellerin wurde wegen ihrer Haltung dem Dritten Reich gegenüber wiederholt kritisiert; sie verlegte sich in ihrem Werk auf Überzeitliches. Das zeigt auch der Ausschnitt aus ihrem Donau-Buch: Erinnerung an eine Wachau-Reise knapp nach dem »Anschluß« 1938, eine geschichtslose, idyllische Landschaft. Aber zugleich birgt der Text in ihrer Domäne, dem Überzeitlichen, dem Erfassen von Wesenszügen einer Landschaft, seine Qualität:

Es war in jenem fernen warmen, beinahe unheimlich wetterstabilen Herbst 1938, dem letzten Friedensherbst, der doch schon alles andere als friedlich war: Im März war der Anschluß erfolgt, im Mai war die Sudetenkrise angelaufen, die Propagandamaschine drehte sich rasselnd und keuchend, um die schwelende Glut eines möglichen Konfliktes zum hellauflodernden Feuer eines Krieges anzublasen, sie drehte sich in wahnsinniger aufgeheizter Eile, als wäre jeder Tag des Friedens zuviel.
In dieser Situation tiefster Beunruhigung beschlossen wir eine Reise durch die Wachau.

Das alles war nur eine lange skurril gewundene Zeile, auf der uns jene Tage den herrlichsten Text aufzuschreiben hatten, den Text: Kulturlandschaft Wachau.

Ich meine damit jetzt weniger den ungeheuren prachtvoll dröhnenden Introitus Stift Melk, nicht einmal Dürnstein mit seinem weltberühmten Bijou, der Prandtauer-Muggenast-Steinl-Kirche, die Vedute Schönbühel oder den schwerblütigen Prunk von Göttweig. Ich meine vielmehr Haus für Haus oder Häuschen für Häuschen zwischen ihren Toreinfahrten, Höfen, Backöfen, Holzschuppen und Ställen: ich meine die krummen und winkeligen Mauern, die uns eher modelliert als gebaut vorkamen, die krummen, oft grotesk gegiebelten Dächer unter den plumpen

Dürnstein in der Wachau

und dabei doch so anmutigen Kaminen, die Treppchen, die sich in abenteuerlichen Wendungen zu Lauben und Pawlatschen emporschwangen, die schiefen altersschwachen Spaliergerüste, über die Wein, Veitschi und Efeu grüne Kaskaden schickten; ich meine auch die kleinen Gärten voll bunter Bauernblumen und Gemüsen – und dazwischen Kirchen und Kirchlein, Kapellen, Wegkreuze und Marterln, Friedhöfe, deren Mauern ringsum mit gotischen Grabsteinen bestückt waren, alte Karner und Wehrbauten. Die ländlichen Architekturen, oft demütig ins Gelände gebückt, oft aber auch hinter edlen hochgesteckten Fassaden aristokratischer Herkunft – die bestachen auch noch im Verfall durch eine malerisch sensible Oberfläche auf vielfach bizarr geschwungenem und gestaffeltem Grundriß. Alle Ortschaften schienen uns von höchster bildnerischer Musikalität gestaltet, ob sie sich an das Ufer des Stromes hinabwagten oder ob sie einen Hang emporstiegen und die Brust des Berges nachmodellierten, aus allen Winkeln blickten Madonnen und Kruzifixe, Engel und Heilige, ein ganzes Heer lieblich-frommer Gestalten bewohnte Nischen, Gesimse, Giebel, bewachte Pforten und Tore oder rankte sich zwischen Wolkenkissen um Säulen herum. Sie waren noch nicht Kunstgegenstände nach neueren Begriffen, sondern lebten mit den Bewohnern das bäuerliche Jahr: Sie waren mit welkenden Kränzen behängt, mit Büscheln reifer Ähren, mit Maiskolben und Kürbissen geschmückt, das Land bekannte sich zu ihnen wie zu seinen Ackergöttern oder Hausgeistern, Laren und Penaten, Wichteln und Roggenmuhmen.

Der Strom glitt ruhig, in stiller Selbstgenügsamkeit vorüber: kaum ein Schiff, Schlepper und Lastkahn; träumerisch lässiger Fährbetrieb. Durch Glockenschlag rief man sich den Fergen vom jenseitigen Ufer herbei; keine Eile, kein Lärm. In den Gasthäusern erregte die Frage nach einem Fremdenzimmer eher Verwirrung: man war auf solche Wünsche nicht vorbereitet. Erst nach einigem Zögern und familiären Beratungen wurde dem Gast bedeutet, ein Zimmer werde ihm hergerichtet. Man begann zu fegen, die Betten zu lüften und zu beziehen. In einem größeren Ort wurden wir weitergeschickt: schon in der vorigen Nacht seien Fremde dagewesen, nun hänge die Wäsche noch naß an der Leine…

Heinrich Heine: König Richard

Als König Richard Löwenherz 1192 als Pilger verkleidet vom Dritten Kreuzzug nach England zurückkehren wollte und er in einem Vorort von Wien erkannt wurde, nahm ihn Herzog Leopold V. gefangen und ließ ihn nach Dürnstein bringen. Die Freude über die Befreiung nach einjähriger Festungshaft mag für Löwenherz groß gewesen sein, Heinrich Heine trifft aber in seinem Gedicht aus der Sammlung »Romanzero« nicht die historische Wahrheit. Richard wurde bloß an den deutschen Kaiser ausgeliefert – der wollte auch seinen Anteil am Lösegeld.

Wohl durch der Wälder einödige Pracht
Jagt ungestüm ein Reiter;
Er bläst ins Horn, er singt und lacht
Gar seelenvergnügt und heiter.

Sein Harnisch ist von starkem Erz,
Noch stärker ist sein Gemüte,
Das ist Herr Richard Löwenherz,
Der christlichen Ritterschaft Blüte.

Willkommen in England! rufen ihm zu
Die Bäume mit grünen Zungen –
Wir freuen uns, o König, daß du
Österreichischer Haft entsprungen.

Dem König ist wohl in freier Luft,
Er fühlt sich wie neugeboren,
Er denkt an Österreichs Festungsduft –
Und gibt seinem Pferde die Sporen.

Frances Trollope: Briefe aus der Kaiserstadt

An Richard Löwenherz – »unseren König« – dachte auch die englische Schriftstellerin Frances Trollope, als sie 1836 mit dem Schiff an Dürnstein vorbeifuhr:

Auf der Donau, Mittwoch

Ich glaube wirklich, der Kapitän dieser Donau-Ordinari muß im Sold irgendeines erfahrenen Priesters stehen, um allen Männern und Frauen, die er auf sein Schiff bekommen kann, die Lehre von der unsicheren Beschaffenheit alles irdischen Glücks einzuprägen.

Warum würde er sonst, wie zum Hohn, an so vielen lieblich lachenden Dörfern und so vielen heiteren Gasthöfen vorbeigefahren sein, um uns eine Nacht der Schrecken in diesem Marbach zu bereiten? Soll ich versuchen, unsere Herberge zu beschreiben? Soll ich mich bemühen, die Art von Getränk zu schildern, die die Marbacher Kaffee nennen? Nein! Nein! Ich werde es nicht tun. Es ist fast unmöglich Worte zu finden, um die Wahrheit wiederzugeben, und Du würdest um nichts besser daran sein, wenn ich es auch könnte.

Also nichts mehr von Marbach, denn es ist um so leichter, es zu vergessen, da wir seitdem an einem der interessantesten Punkte, die mein Auge je erblickt hat, vorübergefahren sind, und welchen wir eine lange Strecke Weges sehen konnten. In dem Augenblick, als das Schiff zu einem Flußbogen kam und den Blick freigab, wußte ich auch, daß die Burg, die so hoch und einsam auf dem Felsen thronte, Dürnstein sei. Seine hohe und abgeschiedene Lage allein genügt, um den Eindruck unnahbarer Einsamkeit hervorzubringen. Als wir aber hinreichend nahe kamen, um die Beschaffenheit der Landschaft, in der diese Burg liegt, zu erkennen, überkam uns alle ein Gefühl des Mitleids, ja des Schauderns, und wir fühlten, daß Richard unser König war, gleich als hätte er erst gestern geherrscht.

Burgruine Dürnstein

Wenn ich Dir berichte, daß sich diese fürchterliche Festung auf dem Gipfel eines hohen und kahlen Felsens erhebt, so sage ich Dir die Wahrheit, bin aber noch weit entfernt, Dir einen richtigen Begriff ihrer Lage geben zu können. Sie steht sehr einsam auf einem kahlen, nackten Fels, und rund um diesen gähnt offenbar ein fürchterlicher Abgrund. Aber dies ist nicht die Eigentümlichkeit, welche der Burg Dürnstein ihr schreckliches Aussehen gibt. Es ist nicht der eine kahle Fels, auf dem sich seine, nun in Trümmer zerfallene, Burg erhebt, sondern es sind die finsteren anderen Felsgipfel, die ihn umgeben, um diese Stelle zu einer der schrecklichsten zu machen, welche die Natur schuf.

Claudio Magris: Vineta an der Donau

Krems ist heute eine pulsierende Kleinstadt am Ausgang der Wachau, die ein reges Kulturleben aufweist. Doch der Mitte der achtziger Jahre Durchreisende hatte keine besonders vitalen Assoziationen …
Claudio Magris spielt zu Beginn dieses polemischen Abschnitts seiner Donau-Biographie auf das Kloster Und an, das zwischen Krems und seinem Nachbarort Stein liegt.

Altstadt von Stein

Die beiden benachbarten Städtchen Krems und Stein – nach dem alten Witzwort einzig und allein durch das *und* voneinander getrennt oder miteinander verbunden – sind berühmt für ihren Wein und die populäre Barockmalerei von Schmidt (dem sogenannten »Kremser Schmidt«); einstmals blühendes Zentrum des Flußhandels, sind sie von Fortschritt und Industrialisierung des

19. und 20. Jahrhunderts völlig unberührt geblieben. Sie bilden heute ein ruhiges Dorf mit leeren, ansteigenden Gassen, kleinen, vorspringenden Balkonen, die auf verschlafene kleine Plätze hinausgehen, kleinen, verborgenen Treppen, die bis zu einem Wald von Dächern führen, geschlossenen Gasthöfen, verlassenen Arkaden. Alles schweigt, alles ist klein und tot; in den Höfen hört man nur den dünnen, beharrlichen Regen fallen.

Im Jahre 1153 rühmte der arabische Geograph Idrisi die Pracht von Krems und meinte, daß die Stadt Wien übertreffe; heute ähnelt es Vineta, der vom Wasser überfluteten Stadt, in deren Straßen auf dem Meeresgrund man der Legende nach bisweilen jemand in altertümlichen Gewändern herumgehen sieht. Wenn man einen Passanten aus einem Portal kommen sieht, denkt man unwillkürlich an jene Bilder oder Wandteppiche, aus denen in einer Geisterstunde die Figuren heraus – und ins wirkliche Leben treten. In dem noch verschlafeneren Stein, nahe bei der Gedenktafel für Köchel, dem die Verzeichnung sämtlicher Kompositionen von Mozart zu verdanken ist, zeigt sich der Apotheker ganz begeistert von dem außergewöhnlichen Eintreffen eines Fremden, er führt ihn mit Stolz durch die ganze Apotheke, rühmt die Vorzüge von Stein und versäumt es nicht – Reflex der alten Rivalität zwischen den beiden Städten –, sich polemisch über Krems zu äußern.

Es herrscht eine tödliche Unbeweglichkeit, die jeden an sein eigenes Ebenbild zu ketten scheint. Man verspürt Lust, sich in diesem lethargischen Schlummer zu verlieren, doch auch die Sehnsucht nach Flucht, den ungeduldigen Wunsch nach einer Metamorphose; den Wunsch, jener *Pilot von der Donau* aus dem gleichnamigen Roman von Jules Verne zu sein, in dem Herr Jaeger alias Karl Dragoch, ein ungarischer Polizist, Ilias Brusch alias Serge Ladko mit Ivan Striga verwechselt, dem Chef der Flußpiratenbande (der sich als Ladko ausgibt), und seinerseits mit diesem verwechselt wird.

Zbigniew Herbert: An Marc Aurel

Zu den lästigen Aufgaben eines römischen Kaisers gehörte es, das Riesenreich gegen die ständig angreifenden Feinde zu verteidigen. Zu diesem Zwecke hielt sich um das Jahr 170 n. Chr. Kaiser Marc Aurel in der Grenzstadt Carnuntum auf. Doch der Feldzug gegen die Markomannen dürfte nicht sein vorrangiges Interesse gewesen sein, vielmehr schrieb er in Carnuntum den zweiten Teil seiner »Selbstbetrachtungen« nieder. Marc Aurels zwischen Philosophie und Feldherrntum changierende Persönlichkeit war für viele faszinierend. So auch für den polnischen Lyriker Zbigniew Herbert:

Heidentor in Petronell-Carnuntum

Lösch aus das licht Marc gute nacht
und schließ das buch Über dem kopf
steigt schon der sterne silberlarum
des himmels fremder zungenschlag
der schrei des schreckens der barbaren
den dein latein nicht sagen kann
es ist die alte angst die finstre angst
was da ans morsche menschenufer schlägt

Und siegt Ob du das brausen hörst
der flut Der strom der elemente wird
zerstören deine lettern
bis daß der welt vier wände fallen
Was bleibt uns – zittern in der luft
in asche blasen und den äther trüben
an fingern nagen leere worte suchen
und hinter uns die schatten der gefallnen schleppen

So lege Marc den frieden lieber ab
und reiche deine hand mir überm dunkel
Sie bebe wenn der blinde kosmos einschlägt
in die fünf sinne wie in eine lyra
Verraten wird das all uns die astronomie
der sterne rechnung und der gräser weisheit
und deine allzu große größe
und auch mein rastloses gewimmer Marc

(Übers.: Karl Dedecius)

Gerhard Fritsch: Moos auf den Steinen

Das Marchfeld östlich von Wien ist für den Besucher in erster Linie wegen seiner vielen Schlösser von Interesse. Gerhard Fritsch siedelt seinen Nachkriegsroman »Moos auf den Steinen« in einem imaginären, verfallenen Marchfeldschloß an (Vorbilder wie das Schloß Niederweiden sind denkbar). Den Namen »Schwarzwasser« hat es von den nahen Donauauen, die Annäherung erfolgt durch die weite Marchfeldebene:

Petrik sah in die Landschaft.

Die Kalesche roch nach Leder, Schweiß und Vergangenheit. Von Zeit zu Zeit knarrte die Federung.

Zu beiden Seiten der Straße standen windschiefe Apfelbäume.

Die ganze Fahrbahn lag voll grasgrüner Früchte, keine größer als eine Kinderfaust. Niemand hob sie auf. Sie waren so sauer, daß man schwer den Mund wieder zubrachte, hatte man hineingebissen. Die Räder, die über sie gingen, machten sie gleichgültig zu staubigem Most.

»Fahr schneller, Josef«, sagte Dr. Mehlmann. Es half auch diesmal nicht viel.

Hinter den Apfelbäumen lag flach wie ein Brett die Ebene. Außer Kartoffeln und Rüben war in diesem Herbst nichts mehr zu ernten. Die verschleierte Sonne hing uralt über den Stoppelfeldern. Der Septembernachmittag war voller Spinnweben.

»Stinkfad, dieses Marchfeld, eine Gegend, in der einem die Füße einschlafen«, meinte Mehlmann zu seinem Nachbarn im schäbigen Fond der Kalesche.

»Mir gefällt jede Ebene«, erwiderte Petrik. »Überhaupt wenn sie so still und leer ist wie hier. Eine richtige Septemberlandschaft. Nur die Bohrtürme draußen stören ein bißchen.«

»Dein alter Stillekomplex. Mit dem wirst du höchstens einmal Straßenwärter mit einem kleinen Häuschen mitten im Marchfeld«, sagte Mehlmann seufzend.

Es seufzte gleichzeitig in den Wagenachsen. »Ob das das schlechteste wäre, Herbert«, erwiderte Petrik.

Zu beiden Seiten des Dammes war der Wald noch weiter zurückgetreten. Der Boden bestand hier aus Kieselhalden, auf denen selbst das Distelgrün vertrocknet und verdorrt schien. Die Sträucher, die auf diesen Halden wuchsen, standen da wie das dornige, zähe Astwerk der großen Steppen. Akazienbüsche, verstaubt die kleinen Blätter, Sanddorn mit den leuchtend gelben Beeren zwischen fingerlangen Stacheldolden, wilde Rosen mit roten Hagebutten, die Korallen staubiger Festländer.

»Schau, ein Hase«, rief Mehlmann plötzlich. Tatsächlich hopste ein graubrauner Feldhase gemächlich über die Kieselflächen.

»Karnickel gibt's hier in Massen«, kommentierte der Mann auf dem Kutschbock ungefragt die naive Entdeckerfreude des jungen Erfolgsautors.

Es freute Petrik, daß sich Mehlmann überhaupt noch um solche Nebensächlichkeiten kümmerte. Er hat doch noch bessere Augen, als ich dachte. Sieht einen gewöhnlichen Hasen.

Und dann kam auf einmal das Schloß in Sicht. Zwischen den Stämmen und Ästen der Kastanien war es plötzlich aufgetaucht. Der Damm mündete in die steinig dürre Fläche des Buschwerks, das etwas dichter zusammenrückte. Die Kalesche hatte das Ende der Kastanienallee erreicht. Die Straße ging ein in eine weite

Schloß Niederweiden in Marchfeld

Fläche, die durch ihr niedriges, zähes, teppichartiges Gras einer ungarischen Dorfweide glich. Es fehlten nur die Gänse. Und außerdem wuchsen für eine Weide aus dem Gras ein wenig zuviel Disteln.

Das ist also dieses Schloß Schwarzwasser. Eine Ruine, einige Fensterhöhlen leer oder mit Brettern notdürftig vernagelt, viele Dachziegel zerbrochen und herabgefallen. Der Dachstuhl über dem höheren Mitteltrakt zeigte seine Sparren wie ein Skelett die Rippen. Verfall. Langsam, melancholisch zerbröckelnde Vergangenheit in weltverlassener Gegend. Die Barockfassade hält alles noch ein wenig zusammen. Auch im Sterben ist Stil das letzte Gesetz. So hielt man es …

Das Weinviertel

Retzer Land

Das Weinviertel ist in erster Linie Bauernland: ausgedehnte Zuckerrüben- und Getreidefelder, dazwischen an den Lößhängen die Weinberge. Vom einfachen bäuerlichen Leben weiß das Mundart-Epos »Da Naz« zu berichten. Bis auf die Lieder Nikolaus Lenaus, der lieber das Schilf um Stockerau aufsucht, dreht sich hier alles um den Wein: Vom westlichen Weinviertel, wo einem in der Gegend um Retz durch Josef Haslingers Text eine typische Kellergasse vorgeführt wird, wo Alois Vogel dem Leser die Weinlese in Pulkau schmackhaft macht oder wo Friederike Mayröcker im Pulkautal spazieren geht, bis ins östliche Weinviertel, wo der Aktionskünstler Hermann Nitsch in Prinzendorf an der Zaya Landschaft und Wein in sein »orgien mysterien theater« einbaut.

Nikolaus Lenau: Schilflieder

Nikolaus Lenau wird als bedeutendster österreichischer Lyriker des 19. Jahrhunderts angesehen. Nach der zweiten Eheschließung der Mutter lebte der junge Melancholiker einige Zeit bei seinen Großeltern in Stockerau. Die »Schilflieder« sind wahrscheinlich in Zusammenhang mit dem Eindruck der Aulandschaft in der Umgebung der »Lenau-Stadt« Stockerau entstanden.

1.
Drüben geht die Sonne scheiden,
Und der müde Tag entschlief;
Niederhangen hier die Weiden
In den Teich, so still, so tief.

Und ich muß mein Liebstes meiden!
Quill, o Thräne, quill hervor!
Traurig säuseln hier die Weiden,
Und im Winde bebt das Rohr.

In mein stilles, tiefes Leiden
Strahlst du, Fern! süß und mild,
Wie durch Binsen hier und Weiden
Strahlt des Abendsternes Bild.

3.
Auf geheimen Waldespfade
Schleich' ich gern im Abendschein
An das öde Schilfgestade,
Mädchen, und gedenke dein!

Wenn sich dann der Busch verdüstert,
Rauscht das Rohr geheimnißvoll,
Und es klaget und es flüstert,
Daß ich weinen, weinen soll.

Und ich mein', ich höre wehen
Leise deiner Stimme Klang,
Und im Weiher untergehen
Deinen lieblichen Gesang.

5.
Auf dem Teich, dem regungslosen,
Weilt des Mondes holder Glanz,
Flechtend seine bleichen Rosen
In des Schilfes grünen Kranz.

Hirsche wandeln dort am Hügel,
Blicken in die Nacht empor;
Manchmal regt sich das Geflügel
Träumerisch im tiefen Rohr.

Weinend muß mein Blick sich senken;
Durch die tiefste Seele geht
Mir ein süßes Deingedenken,
Wie ein stilles Nachtgebet!

Josef Misson: Da Naz

In dem kleinen Ort Mühlbach am Manhartsberg befindet sich die Weihestätte für einen Mundartdichter des 19. Jahrhunderts. Josef Missons Verdienst besteht in der Abfassung eines Hexameter-Epos in der mittlerweile kaum mehr gesprochenen ui-Mundart des westlichen Weinviertels (»ui« anstelle des in den meisten Dialekten Österreichs üblichen Doppellautes »ua«).
Der Sohn Ignaz geht in die Welt hinaus, die Eltern begleiten ihn ein Stück des Wegs, wieder daheim, holt sie schnell der Alltag der Essenszubereitung ein, aber in Gedanken folgen sie »Naz« bei seinem möglichen Weg in der Umgebung des Dorfes.

Vierter Gesang
Wia di zwoa alten Leut iatzt alloan dahoam san und von ihrn Nazn redn tan

Kam daß hoamkemma san, so setzen sie sih a gleih nieder.
»Wei, meini Fiaß, dö san da vo den bißl Wö völli rach worn.«
»Geht da wia mir, wann ma'r alt is, is ma gleih alln dasparhad; mein, iatzt läuten s' schon eilfi, hab aum Herd noh koan Feur nöd; Mann, was willst denn, was soll ih denn kocha, was, essen muißt doh was?«
»Mei Wei, sah ih, was Guits is gleih ferti und hat mar an Hunger, hat man koan Hoagl nöd, tuit nöd viel urassen, schmöckt alles besser.«
Und a kehrumahand is a richti's Mittagmahl scho ferti:
An Oaringschmalz und a gsottni Müli und Erdäpfel g'schmalzni.
D'Müli, dö stellt s' gleih z'erst aufn Tisch hin, machan ös Kreuz und
beten: »Was aufgesetzt wird, das gsegn uns unser Herr Jesus.«
Setzen sih z'samm und essen an jeds mit an blechernen Löffl.
»D'Stubn«, sagt sie, »dö kimmt mir iatzt laar für und da Tisch größer.
Mann, wo kann er iatzt sein? Wo wird er schon gehn, wo moanst denn?«
»Wann er sih's schlaun laßt, is er schon brav aufn Stanglwö draußten;
geht er aum Schafflahof zui, so schneidt er a schöns Stückl Wö a, siacht gleih auf Stöcklbah eini, wo er sunst guiti zwo Stund hätt; hättn ihms sagn solln, habn drauf vogessen, guiti Gidanka kemman erst hint nah.« – »Aber wer woaß«, sagt s', »hätt er ön Wö gwüßt?«
»Ah! Sobald er amal auf der Boanerden bein roten Kreuz is, kann er nöd fahl gehn, hat den schnurgraden Wö durch a Waldl: deutsch is er a, es gibt Leut g[n]ui in Holz und aum Feldern.«

In Mühlbach am Manhartsberg

Wie die zwei alten Leute jetzt alleine zu Hause sind und über ihren Naz reden

Nachdem die beiden nach Hause gekommen sind, setzen sie sich sogleich nieder. »Weib, meine Füße sind von dem bißchen Weg völlig lahm geworden.« »Da geht es dir wie mir, ist man alt, so ermattet man schnell; mein Gott, jetzt wird schon elf Uhr geläutet, und ich habe noch kein Feuer im Herd; Mann, was willst du, was soll ich kochen, essen mußt du doch etwas?« »Weib, ich sage, etwas Gutes ist schnell fertig, und hat man Hunger, ist man nicht wählerisch und vergeudet nicht viel, alles schmeckt besser.« Im Handumdrehen ist ein vollständiges Mittagsmahl bereitet: Eierspeise, gekochte Milch und Kartoffeln mit Fett. Sie stellt zuerst die Milch auf den Tisch, dann machen sie das Kreuz und beten: »Was auf den Tisch kommt, segne unser Herr Jesus.« Sie setzen sich zusammen und essen mit blechernem Löffel. »Die Stube«, sagt sie, »kommt mir jetzt leer und der Tisch größer vor. Mann, wo mag er sein? Wo meinst du, daß er jetzt wandert?« »Wenn er sich beeilt, ist er schon draußen auf dem Stanglweg [alter Fußsteig bei Mühlbach]; wenn er Richtung Schafflahof geht, schneidet er ein gutes Stück Weg ab, dann sieht er gleich auf ‚Stöcklbah‛ hinein, wohin er sonst über zwei Stunden gebraucht hätte; ich hätte ihm das sagen sollen, habe aber darauf vergessen, gute Gedanken kommen erst hintennach.« »Aber wer weiß«, sagt sie, »ob er einen Weg gefunden hat?« »Ah! Sobald er einmal auf der Boanerden [Flurname bei Mühlbach] beim Roten Kreuz ist, kann er nicht mehr fehl gehen, da hat er den schnurgeraden Weg durch ein Wäldchen: deutsch versteht er auch, es gibt genügend Leute im Wald und auf den Feldern.«

Josef Haslinger: Der Tod des Kleinhäuslers Ignaz Hajek

Haslingers Novelle ist bis auf die Eingangsszene im Waldviertel angesiedelt, wo sich in einem ärmlichen, strohgedeckten Haus das »kleine Schicksal« der Hajeks ereignet. Der Text hebt mit der Benachrichtigung Josef Hajeks über den Tod seines Vaters Ignaz an. Josef macht sich von seiner Arbeitsstätte in der Nähe von Retz, wo er sich als Knecht eines Weinbauerns verdingt, zum Begräbnis auf.

Der Telegrammbote war längst fort. Die Bäurin ging wieder ihrer Arbeit nach. Josef Hajek blieb nicht viel Zeit. Er stopfte ein paar Sachen in einen Seesack aus blauem Kunstleder, eine Weste, eine Jacke und Zigaretten, drehte sich im Kreis, überlegte, was er noch einpacken könnte, nahm schließlich den schwarzen Hut vom Haken und trat in den Hof hinaus. Die gekalkten Mauern strahlten in der Sonne und ließen Josef Hajeks Augen hinter dichten Haarbüscheln verschwinden.

Ich geh jetzt, rief er zur Haustür hinein.

Die Stimme der Bäurin kam aus der Küche. Bestell deiner Mutter unser Beileid. Und komm bald zurück.

In der tief in die Erde geschnittenen Kellergasse war beidseitig Leben in den Preßräumen. Durch die offenen Tore strömte der Geruch von Lehm und abgestandenem Wein. Man konnte bis in die feuchten Kellergewölbe hinabsehen. Die Bauern schwefelten Fässer, schrubbten Edelstahlbehälter, dichteten den Maischetank ab oder schmierten die Traubenmühle, zwischendurch ein Schluck vom alten Wein, der mit jedem Tag billiger wurde. Josef grüßte in ein paar Keller hinein und mußte ein ums andere Mal erklären, warum er ausgerechnet jetzt, vor der Ernte, in sein Waldviertler Heimatdorf Ober-Neuschlag fuhr.

Zum Dorfplatz hin wurde die Kellergasse enger. Sie endete in einem Rundbogen, dessen Innenseiten verschrammt waren und

Kellergasse in Retz

von Lackspuren gezeichnet, weil die großen Traktoren nur mit Mühe durchfahren konnten. Die Bauern hatten es versäumt, den Bogen rechtzeitig abzureißen. Inzwischen hatte ihn der Lehrer entdeckt. Der Bogen bekam ein neues Satteldach und stand nun unter Denkmalschutz. Für ein Viertel Wein, meinte Josef Hajek auf dem Dorfplatz, müßte es vor der Abfahrt des Postautobusses noch reichen. Die Gaststube war leer. Die Wirtin kam mit einem Putzlappen aus der Küche. Sie sah ihn erstaunt an. Dein Hut, fragte sie, muß man Beileid wünschen?

Josef nickte. Der Vater, ich muß heim. Die Wirtin füllte das Glas.

Friederike Mayröcker:
WÄSCHE, SELIG GEMACHT

Für die Dichterin Friederike Mayröcker sind ihre Kindheitssommer in dem kleinen Ort Deinzendorf im Pulkautal immer wieder Anlaß, Erinnerungsbilder aus dieser für sie glücklichen Zeit in ihre Texte einfließen zu lassen. Bei einer Wiederkehr als Erwachsene bleibt die Erzählerin auf ihren Erkundungen eine beargwöhnte Fremde:

Ich wandere von Deinzendorf nach Dietmannsdorf, es dämmert schon, eine alte am Stock humpelnde Bäuerin kommt mir entgegen ohne mich zu beachten, ich nicke ihr zu, ein paar Dorfkinder unterbrechen ihr Spiel sobald sie mich sehen, gucken herüber. Ihre Gesichter drücken Neugierde, Staunen, Verstörung aus als habe sie plötzlich ein böser Traum heimgesucht – eine Fremde in ihrer Stube in ihrer Ortschaft, die kaum zwanzig Häuser zählt, ich komme mir verlegener vor als die aufgeschreckten Kinder. Als sei ich in ihre Schlafkammer eingedrungen ohne geklopft zu haben.

Wie viele Seelen? frage ich später den Pfarrer von Deinzendorf. Er überlegt einen Augenblick, nennt eine Zahl. Auch er,

mundoffene Qual, verwirrt, verwundert, befremdet über mein Kommen.

In Dietmannsdorf steige ich die Stufen vom Kirchenplatz zur Dorfstrasze nieder. Als ich mich umwende, merke ich dasz einer

Dietmannsdorf

der Knaben mich aus seinem Versteck hinter der Kirche heimlich beobachtet. Ich winke ihm freundlich zu, er verschwindet. Ich wandere am Kriegermahnmal vorbei, es ist jetzt fast dunkel. Ich lasse mein Auge noch einmal zu beiden Seiten der Strasze über die flach welligen Rebenhänge mit den kahlen Weinstöcken schweifen.

Die Lese ist längst vorüber. Der Eiswein! hatte die Wirtin gerufen, es war eine späte Ernte! plötzlich der Schnee, der frühe Schnee! er habe sich mehrere Tage in den Weingärten gehalten, so dasz die Weinlese unterbrochen werden muszte, oder die Bauern den Schnee erst wegschaufeln muszten – im Schnee lesen ... frage ich zögernd, die Wirtin lächelt, bringt heiszen Tee mit Rum, obwohl ich Kaffee gewollt hätte, sie schenkt keinen aus. Ich merke, sie will weg, das ohnehin ins Stocken geratene Gespräch beenden, will in die Küche, und in den in einem großen Nebenraum der Wirtschaft untergebrachten Gemischtwarenladen, aus welchem das grelle Licht, wie Scheinwerferlicht, auf die dunkle Strasze fällt.

Alois Vogel: Pulkauer Aufzeichnungen

Der Dichter Alois Vogel lebt seit gut zwanzig Jahren in Pulkau, einem mittelalterlichen Städtchen am westlichen Rand des Weinviertels. Seine Werke sind stets vom Erlebnis der umgebenden Landschaft durchdrungen – auch beim Jahresablauf des Weinbaus ist er ein genauer, Anteil nehmender und genießender Beobachter.

Ein klarer, heller Oktobertag.

Jeder Baumwipfel hebt sich dunkel vom lichten Himmel über dem Manhartsberg ab. Weit hinaus über das sanfte Auf und Ab der Rebenhänge geht unser Blick zu den rotleuchtenden Lehnen des Mailberges, bis zum verblauenden Dreieck der Staatzer Klippe.

Stimmen sind in der Luft, von überall hört man sie, überall stehen auf den schmalen Wegen in die Weinberge hinein Traktoren und Anhänger mit großen grünen Bottichen, überall sieht man farbige Kopftücher und Kleider von Frauen, die die Trauben schneiden, überall stapfen Männer mit den vollen Butten zwischen den langen Zeilen der Rebstöcke zu den Fahrzeugen und leeren den Inhalt in die großen Behälter.

Weinlese. Erntezeit!

Vom frühen Morgen bis in die einbrechende Dunkelheit rollen die vollen Fahrzeuge zu den offenen Toren der Preßhäuser, und noch in die sinkende Nacht hinein sieht man Lichter aus den Stollen in der Erde. Ein Rumoren kommt aus den Hohlwegen der Kellergassen.

Manche Weinbauer waren schon um eine oder zwei Wochen früher am Ernten gewesen, sei es, weil sie ihre Weingärten an einem besonders sonnigen Hang haben, sei es, weil sie es nicht erwarten konnten und sich vor einbrechendem Schlechtwetter des nahenden Herbstes fürchteten. Sie haben nun die Kellertür nur durch ein Holzgitter verschlossen, sodaß die aus den Fässern strömenden Gärgase ins Freie entweichen können. Vor einem solchen Tor werden wir angesprochen und auf ein Glas

Blick auf Pulkau

des Heurigen, des Weines der vorjährigen Lese, eingeladen. Nun stehen wir im Preßhaus, jeder mit einem kleinen Gläschen in der Hand neben einer großen hölzernen Presse, deren Balken mit Kerbschnitten verziert ist. Sie hat längst ausgedient, da man sich heute moderner, elektrisch betriebener Geräte bedient.

Hermann Nitsch: Ordensregeln

Der Maler und Aktionist Hermann Nitsch hat sein Lebenswerk dem »orgien mysterien theater« gewidmet. Für die Umsetzung dieses aus verschiedenen kultischen Traditionen zusammengeführten Konstrukts in seine Aktionen und Feste hat Nitsch in Schloß Prinzendorf eine ideale Heimstatt gefunden. Hier in den Weinbergen ließe sich, wie er in den »Ordensregeln« schreibt, der »jubel des wachstums«, die »seinstrunkenheit« spüren:

1

schloss prinzendorf ist das orgien mysterien theater.

Schloß Prinzendorf

2

inmitten der schönen landschaft des weinviertels, umgeben von weingärten, kornfeldern, waldschluchten und einem geäder von kellergassen, liegt das orgien mysterien theater.

3

auf dem gelände des schlosses, im schloss, und in dessen umgebung, wird in baldiger zukunft das grösste und intensivste fest der menschen, das 6-tagespiel, alljährlich durchgeführt

4

die schöpfung (alles seiende und sich ereignende) drängt durch das lebendige zur wahrnehmung ihrer selbst. der weltenablauf, das ganze, schafft sich durch alles lebendige, durch alle lebewesen, organe, um sich selbst zu erkennen.

5

in der landschaft des weinviertels wird das orgien mysterien theater zur stätte der lebendigen erkenntnis unserer dynamisch unsterblichen wirklichkeit, unsere wirklichen erlebnis- und glücksmöglichkeiten werden erfahren.

42

der weg durch die weingärten senkt sich in ein grünbewachsenes tal. unter erfrischung und kühlung spendenden, sauerstoff verbreitenden grünen baumkronen steht, wie eine mit grünen atmenden pflanzen geschmückte kapelle, das presshaus eines weinkellers. vor dem haus, unter dem labenden schatten, der laub- und obstbäume, sitzen auf bänken bei tischen lachende leute. sie trinken wein und essen einfache speisen. der weinbauer steht neben den eingekehrten und schenkt aus dem weinheber spritzenden, kellerkalten, vergorenen, weissen traubensaft in die achtelgläser der zecher. die profane lebendigkeit wird zur heiligkeit verklärt. das ereignis ergreift innigst. das einfache mahl wird zelebriert. es wird gegessen und getrunken, gepflegter pflanze

Weinfeld bei Prinzendorf

Beide: Kellergasse in Prinzendorf an der Zaya

frucht und saft sowie das gekochte fleisch geschlachteter tiere wird einverleibt. das mahl steigert sich zum heiteren daseinsrausch und zur kommunion der lebendigen. das leben, die lebendigkeit zeigt sich in seinen reinen formen zum sakrament verdichtet. kein priester muss heiligen stoff für das sakrament verteilen. der vollzug des lebens wird zum sakrament. das beisammensein, das gemeinsame mahl, der gemeinsame rausch, bringen die glückhafte erkenntnis der zum geniessenden dasein gebrachten lebendigkeit.

Das Waldviertel

Oberes Waldviertel

Viertel ob dem Manhartsberg: so lautet die historische Bezeichnung des Waldviertels, die die geographische Grenze zum benachbarten Weinviertel angibt. Der Manhartsberg trennt zwei in Vegetation, Klima und Erscheinungsbild völlig unterschiedliche Gegenden. Das Waldviertel liegt höher und ist daher kälter und rauher – von herber Schönheit. Dazu kommt, daß dieses alte Grenzland durch die Jahrhunderte gewohnt war, sich gegen Böhmen und Mähren abzuschotten. Entlang der Strecke zwischen den Metropolen Wien und Prag mag allerdings, wie sich in Mörikes »Mozart auf der Reise nach Prag« zeigt, ein wenig internationaler Flair in die Abgeschiedenheit gekommen sein. Heute ist der Eiserne Vorhang zwar gefallen, die Züge von Wien nach Prag aber nehmen mittlerweile einen anderen Weg …

Die Gäste werden in der – nach Robert Hamerling – »schönsten Gegend der Erde« nicht mehr von den Einheimischen gemustert, wie es noch dem jungen Franz Grillparzer zu Beginn des vorigen Jahrhunderts ergangen ist. Im Gegenteil, man sieht im Tourismus eine Chance für die strukturschwache Region; und sucht nicht unbedingt den Tagesausflügler wie in Elfriede Jelineks »Die Ausgesperrten«, sondern will, wie bei Robert Menasse ironisch zugespitzt, die Menschen länger an die Schönheiten dieser anmutigen und stillen, über große Strecken unberührten Landschaft binden.

Eduard Mörike: Mozart auf der Reise nach Prag

Eduard Mörike war in erster Linie Lyriker. Von seinen erzählerischen Werken wird im allgemeinen die Mozart-Novelle als das gelungenste erachtet. Der Text setzt mit einer Rast der Städter inmitten der Waldviertler Natur ein:

Im Herbst des Jahres 1787 unternahm Mozart in Begleitung seiner Frau eine Reise nach Prag, um »Don Juan« daselbst zur Aufführung zu bringen.

Am dritten Reisetag, den vierzehnten September, gegen elf Uhr morgens, fuhr das wohlgelaunte Ehepaar, noch nicht viel über dreißig Stunden Wegs von Wien entfernt, in nordwestlicher Richtung jenseits vom Manhardsberg und der deutschen Thaya bei Schrems, wo man das schöne Mährische Gebirg' bald vollends überstiegen hat.

Man war eine sanft ansteigende Höhe zwischen fruchtbaren Feldern, welche hie und da die ausgedehnte Waldung unterbrachen, gemachsam hinauf und jetzt am Waldsaum angekommen.

»Durch wieviel Wälder«, sagte Mozart, »sind wir nicht heute, gestern und ehegestern schon passiert! – Ich dachte nichts dabei, geschweige daß mir eingefallen wäre, den Fuß hineinzusetzen. Wir steigen einmal aus da, Herzenskind, und holen von den blauen Glocken, die dort so hübsch im Schatten stehn. Deine Tiere, Schwager, mögen ein bißchen verschnaufen.«

Sie stiegen Arm in Arm über den Graben an der Straße und sofort tiefer in die Tannendunkelheit hinein, die, sehr bald bis zur Finsternis verdichtet, nur hin und wieder von einem Streifen Sonne auf sammetnem Moosboden grell durchbrochen ward. Die erquickliche Frische, im plötzlichen Wechsel gegen die außerhalb herrschende Glut, hätte dem sorglosen Mann ohne die Vorsicht der Begleiterin gefährlich werden können. Mit Mühe drang sie ihm das in Bereitschaft gehaltene Kleidungsstück auf. –

»Gott, welche Herrlichkeit!« rief er, an den hohen Stämmen hinaufblickend, aus, »man ist als wie in einer Kirche. Mir deucht, ich war niemals in einem Wald, und besinne mich erst jetzt, was es doch heißt, ein ganzes Volk von Bäumen beieinander! Keine Menschenhand hat sie gepflanzt, sind alle selbst gekommen und stehen so, nur eben weil es lustig ist beisammen wohnen und wirtschaften.« – Er bückte sich, brach einen Pilz und pries die prächtige hochrote Farbe des Schirms, die zarten weißlichen Lamellen an dessen unterer Seite, auch steckte er verschiedene Tannenzapfen ein.

»Man könnte denken«, sagte die Frau, »du habest noch keine zwanzig Schritte hinein in den Prater gesehen, der solche Raritäten doch auch wohl aufzuweisen hat.«

»Was Prater! Sapperlot, wie du nur das Wort hier nennen magst! Vor lauter Karossen, Staatsdegen, Roben und Fächern, Musik und allem Spektakel der Welt, wer sieht denn da noch sonst etwas? Und selbst die Bäume dort, so breit sie sich auch machen, ich weiß nicht – Bucheckern und Eicheln, am Boden verstreut, sehn halter aus als wie Geschwisterkind mit der Unzahl verbrauchter Korkstöpsel darunter. Zwei Stunden riecht weit riecht das Gehölz nach Kellnern und nach Saucen.«

»O unerhört!« rief sie, »so redet nun der Mann, dem gar nichts über das Vergnügen geht, Backhähnl im Prater zu speisen!«

Robert Hamerling: Die schönste Gegend der Erde

Unmöglich, sich literarisch dieser Gegend zu nähern, ohne Robert Hamerling zu erwähnen. Während seine klassizistischen und mitunter pathetisch-schwülstig anmutenden Werke heute kaum mehr gelesen werden, konnte er sich zu Lebzeiten (1830-1889) großer Berühmtheit erfreuen. Das Waldviertel ist übersät mit Hamerling-Gedenktafeln oder -Büsten, in seinem Geburtsort Kirchberg am Walde wurde ihm nach seinem Tod von einem Anhänger – nicht zuletzt aufgrund seines deutschnationalen Engagements – ein eigenes »Stiftungshaus« eingerichtet.

»Der größte Sohn des Waldviertels«, wie man ihn gerne bezeichnet, verließ bereits mit 14 Jahren seine Heimat in Richtung Wien und war in der Folge nur mehr sporadischer Besucher. Dennoch fühlte sich Hamerling zeitlebens dem Waldviertel verbunden; und nach einem längeren Besuch 1867 erhob er schließlich die Gegend zur schönsten der Erde. Diesem protzigen Superlativ steht in geschickter Rhetorik die Bescheidenheit als Begründung gegenüber:

Ich habe niemals recht begriffen, wie es die Leute eigentlich meinen, wenn sie bald Neapel, bald die Berge und Seen der

Schweiz, bald den Niagarafall usw. als die schönsten und merkwürdigsten Punkte der Erde bezeichnen. Nach meiner feststehenden Überzeugung gebührt diese Bezeichnung einzig und allein dem Landstrich, welcher sich von Krems an der Donau über Gföhl, Zwettl und Weitra gegen die böhmische Grenze hin erstreckt, und welcher unter dem Namen des niederösterreichischen Waldviertels bekannt ist.

Landschaft im Waldviertel

»Wohlan denn«, wird der geneigte Leser neugierig ausrufen, »beschreibe uns die Wunder deines teuern Waldviertels, die Reize, welche es zum merkwürdigsten Fleck der Erde machen!« – Ich werde mich hüten, diese Wunder schildern und etwas mit vielen Worten aufputzen zu wollen, dessen geheimer, größter Reiz vielleicht in der Anspruchslosigkeit und Schlichtheit liegt. Zu beschreiben ist da wenig oder nichts. Ich habe dem geneigten Leser gesagt, wo nach meiner Überzeugung der schönste Fleck der Erde liegt; will er es mir nicht aufs Wort glauben, so werden ihn die flüchtigen, ganz simplen Bemerkungen, die ich folgen lasse, noch weniger überzeugen.

Das Waldviertel ist kein Gebirgsland, in welchem öde Bergkolosse auf dunkle Talschluchten herabschauen, die Seele des Menschen ängstigend; aber auch keine einförmig sich hinstreckende Ebene. Berg und Fläche berühren sich in schön ausgeglichener Mischung, in nicht erhabenem, aber anmutigem Wechsel. »Starkbewaldetes Hügelland« nennen es trocken die Geographen.

Hinter dem grünen Wälderschmuck, wird man denken, müsse der Reiz des bebauten Ackerlandes zurücktreten. Im Gegenteil! Nirgends stehen die Saatfelder schöner über weite Strecken verbreitet, das Aug' erfreuend durch die Farbenpracht der Blüten jener Fruchtarten, die hier vorzugsweise gebaut werden. Was kann man sich Herrlicheres denken, als weitgedehnte purpurblühende Mohnfelder? Was spricht das Auge sinniger an als der zarte, blaublühende Lein, auf weiten Strecken im Windhauch wallend und wogend? Dieser bezaubernd schöne Anblick blühender Mohn- und Leinfelder, anderswo so selten, hier ist er etwas Gewöhnliches. Dazu die unabsehbaren Roggenfelder im Glanze der goldenen Ähren? Und hat am Ende nicht selbst die Kartoffel – der Stolz des Waldviertels – ganz hübsche Blüten, wie nur irgendeine der stolzeren Schwesterpflanzen aus dem Solaneengeschlechte?

Ich habe den überaus freundlichen Reiz weitgehender Saatfelder, wie sie in meiner Heimat die Landstraße entlang, mit Hainen wechselnd, in mannigfaltiger Farbenpracht auf weiten Strecken das Aug' erquicken, meist vergebens gesucht in den Alpengegenden, wo die Gebirgstäler, durch welche die Verkehrswege laufen, wenig Raum lassen für Entfaltung imposanter Saatenpracht, und in den wenigen Ebenen die Städte sich breitmachen auf Stundenweite mit ihrem wüsten Zubehör.

Franz Grillparzer: Brief an die Mutter

Der Dramatiker Franz Grillparzer galt schon den Zeitgenossen, was Goethe den Deutschen war – als »Nationaldichter«. Von solchen Vereinnahmungen noch weit entfernt, weilte der Sechzehnjährige im Sommer

1807 bei den Verwaltern des Renaissance-Schlosses Greillenstein und hatte sich über ganz Alltägliches den Kopf zu zerbrechen:

Donnerstag den 10ten 7bris 1807

Beste Mutter!

Sonnabends bin ich glücklich in Greillenstein angekommen. Der HE. Verwalter samt seiner Frau empfiengen mich aufs beste, so wie sie mir auch noch immer aufs freundschaftlichste begegnen. Beyde sind sehr gute und liebe Leute und thun alles was sie nur denken, daß es mir Freude machen könnte. Ich bin sehr vergnügt, denn die Gegend hier herum ist herrlich, und ich habe alles, was ich nur wünschen kann. Es gibt hier immer Unterhaltung.

Ich gebe mir hier ein fürchterliches Ansehen, und die Bauern,

Schloß Greillenstein

die sehen, wie höflich ihr Verwalter mit mir ist, sehen mich wenigstens für ein halbes Weltwunder an. Ich paradiere Sonntags in der Kirche auf dem Oratorium neben dem HE. Verwalter, da doch der Rentschreiber, der ihrer Meinung nach schon ein hohes

Thier ist, auf der anderen Seite steht. Aber eben deßwägen, weil alles mich angafft, muß ich etwas ordentlicher in der Kleidung seyn als ich es sonst wäre. Daher bitte ich mir die kasimirne Hose zu schicken, und zwar so bald als möglich den am St. Florians Tag fahre ich mit dem HE. Verwalter nach Kloster Altenburg, auch könnte ich das graue Beinkleid gut brauchen, den um das nanquinettene zu tragen, ist es hier zu kalt.

Ferner brauche ich noch einen Hosenträger, und sehr nothwendig Brillen, ferner 3 oder 4 Pinseln zum Mahlen, und ein Stangel schwarzer Tusch.

Leben Sie wohl, grüßen Sie den Papa und meine Brüder, und vergessen Sie nicht, daß man auf dem Lande Geld braucht, und auf den 4ten Oktober mein Namenstag ist.

Ihr gehorsamster Sohn
Serafin Kodius Grillparzer

Friedrich Anton von Schönholz: Traditionen zur Charakteristik Österreichs

Das Waldviertel stellt sich gerne als Sagen- und Legendenland dar. Die weiteste Verbreitung erfuhr die Vita des »Waldviertler Robin Hoods«, Johann Georg Grasel: Von der »Graselhöhle« bei Maria Dreieichen bis zum »Graselstein« bei Litschau wurden »konspirative« Orte nach ihm benannt, auch wenn er sie wahrscheinlich niemals tatsächlich aufgesucht hatte.

1815 setzte man ein hohes Lösegeld auf den erst knapp Fünfundzwanzigjährigen aus, das seine Wirkung nicht verfehlte. 1818 wurde Grasel hingerichtet, obwohl ihm kein Mord nachgewiesen werden konnte. Der Schriftsteller und Historiker Friedrich Anton von Schönholz rühmt sich, mit einigen Häschern bei der Verfolgung Grasels dabeigewesen zu sein, und versucht, das Phänomen Grasel zu ergründen:

Um diese Zeit begann der Polizei der berüchtigte Räuberhauptmann Grasel schlaflose Nächte zu bereiten; dieser österreichische Karl Moor des neunzehnten Jahrhunderts. Wie auf der Bühne, so in der Welt, muß uns oft mit den Gebrechen der menschlichen Natur, welche der Schuft entehrt, der Räuber versöhnen. Kein Grafensohn, sondern der Sprößling eines Gauners, der das Kind im zartesten Alter wie einen Jagdhund aufs Stehlen, besonders bei Einbrüchen, abrichtete, hing Grasel später aus eigenem Antrieb das Handwerk an den Nagel, ward Soldat und ordentlicher Mensch, bis auf den leidenschaftlichen Verkehr mit prostituierten Weibspersonen. In dieser Pfütze, wo die besten Vorsätze rettungslos untersinken, schwand sein besseres Teil dahin – , mit einer Dirne riß er endlich aus vom Regimente. Der Winter 1814 und 1815 war gerade die rechte Jahreszeit zur Errichtung einer Räuberbande: das platte Land von Militär entblößt, von Marodeurs, Ausreißern und arbeitsscheuen Abgedankten wimmelnd; dazu boten die Wälder an beiden Donauufern von Böhmen bis nahe an die Residenz eine treffliche Operationslinie. In kurzer Zeit befahl Grasel über ein Korps nahe an dreihundert Mann, darunter ein Viertel beritten, das Ganze militärisch organisiert, in mehrere Haufen nicht ohne strategische Klugheit verteilt; streng diszipliniert, zu blindem Gehorsam verpflichtet. Mord war streng verboten; die Sicherheit der Landstraßen, der Reisenden sollte nicht angetastet, dem Armen beigestanden, dagegen Schlösser und Ämter geplündert werden, hauptsächlich um bares Geld. Wo die Bande mit dem gemeinen Mann sich berührte, wurden diese Grundsätze proklamiert, Notleidende von dem Geraubten unterstützt; so fehlten die Hehler nicht und konnte der Unfug ein halbes Jahr in der Nähe der Residenz sich halten. Eine militärische Besetzung der beunruhigten Gegend warf endlich die Räuberschar nach Böhmen hinein. – Nun hatten sich ohnehin allenthalben auf Grasels gefürchteten Namen hin kleine Raubbanden gebildet, daß man bald nicht wußte, wo das Übel eigentlich anzufassen sei: dort wurde eingebrochen, hier einer an der Straße erschlagen gefunden, eine Kuh ge-

Graselhöhle bei Maria Dreieichen

stohlen; überall schrie es: der Grasel! der Grasel! und plötzlich kam von einem ganz entgegengesetzten Punkte dann die Nachricht, der verwegene Räuber habe mit ganzer Macht ein Rittergut dort überfallen. Grasel war überall und nirgends; wo man hinsah, gewahrte man seinen Schatten; wo man hinschlug, war er schon verschwunden. In mancherlei Verkleidungen sollte er durch das Land wandern; bald als Graf im eleganten Reisewagen in Begleitung einer Dame, bald als Militär, bald als ungarischer Viehhändler. Wer von einer Wanderung zurückkehrte, hatte ihn in dieser oder jener Maske gesehen. Ein alter Landpfarrer, der ausgeritten und zu Fuß nach Haus kam, erzählte: ein Bettler sei an der Straße jenseits des Grabens neben seinen beiden Krücken gesessen, habe ihn angerufen: »Barmherziger Samariter! helft mir über den Graben, sonst muß ich verschmachten.« Hierauf sei er, der Pfarrer, abgestiegen, hätte den Gaul an einen Baum gebunden, den breiten Graben durchklettert und den Krüppel herübergeschafft. Während er aber, um die Krücken nachzuholen, wieder hinüber war, hätte der Lahme sich aufs Pferd geschwungen, ihm zurufend: »Schönen Dank, Ehrwürden! Der Grasel wird's vergelten«, und wäre auf und davon gesprengt.

Robert Menasse: Schubumkehr

Robert Menasse läßt seinen Roman »Schubumkehr« zwar in einem fiktiven Waldviertler Ort namens »Komprechts« spielen, aber das obere Waldviertel um Nagelberg ist wiedererkennbar. Wie viele reale Gemeinden dieser Grenzgegend hat auch Menasses Komprechts mit dem Niedergang traditioneller Gewerbe und der Kleinindustrie zu kämpfen, man versucht, auf Fremdenverkehr umzusatteln. Hier wird dem Komprechtser Bürgermeister, Herrn König, gerade das zukünftige, auf Alternativtourismus ausgerichtete Werbekonzept des Ortes präsentiert:

Wald, Wald, und noch einmal Wald. König war verwirrt. Da schimmert der Wald im Vollmondlicht, da brechen Sonnenstrahlen durch die Wipfel, was aber wenig an der unklaren graugrünen Atmosphäre ändert. Hier der Teufelstein, gleich daneben der kilometerweit entfernte Wackelstein. Ich kenn mich nicht aus, sagte König. Eine Waldlichtung. Der Braunsee. Und schließlich der

Bahnhof. Das sieht aus wie eine Welt ohne Menschen, man irrt umher Tag und Nacht, und wenn man Glück hat, dann findet man diesen Bahnhof und kann erleichtert abreisen. Aber wir wollen doch, daß die Touristen kommen, kommen sollen sie, Herr Tobisch, und sich wohlfühlen, nicht zurückschrecken, oder herumirren und abreisen.

Der Mann von der Werbeagentur war in seiner Sicherheit nicht zu erschüttern. Als hätte Königs Reaktion ihn bestätigt, wahrscheinlich war dies sogar wirklich der Fall, sagte er: Gewiß, Herr Bürgermeister. Sie werden auch kommen, genau die, die Sie haben wollen. Urlauber, die Ruhe suchen, Ruhe, Ruhe, Ruhe. Das intensive Naturerlebnis. Die sprechen wir an mit diesen Fotos des Waldes in verschiedenen Stimmungslagen. Sie vermittelt eine große Erlebnisbandbreite des Spektakels Natur.

Gopprechts im oberen Waldviertel

Da! Zum Beispiel: Was sollen die Fliegenpilze auf diesem Foto? Die sind doch giftig. Wenn schon Schwammerl, warum denn nicht Herrenpilze, ich meine, in unseren Wäldern gibt es doch auch edle

Wir waren fotografieren, und nicht Schwammerl suchen, Herr Bürgermeister. Und gerade dieses Foto hat uns werbetechnisch sofort überzeugt. Zu Fliegenpilzen assoziiert doch jeder Betrachter sofort verwunschene Märchenwelt, Hexen und Feen, ein Männchen steht im Walde, Kindheit

Kann sein. Ich weiß nicht. Aber auf jeden Fall hat Komprechts doch viel mehr anzubieten als den Wald mit Steinen und Fliegenpilzen. Der Satz da auf der ersten Seite: *Wir haben Ihnen nichts zu bieten* – das ist doch

Das ist doch eine ganze Menge. Das ist das schlagende Argument: Lesen Sie doch weiter: *Wir haben Ihnen nichts zu bieten. Was wir haben, ist unverkäuflich. Ist unbezahlbar. Ist ein Geschenk der Natur.* Noch eine letzte Frage zu diesem Prospekt. Dieses graue Papier und die Schwarz-Weiß-Fotos mit diesem Grün-Stich

Ja, wir haben uns im Hinblick auf die Zielgruppe ganz bewußt für einen ästhetisch kühnen Auftritt entschieden: also Umweltschutzpapier, nur Grün als Schmuck-Farbe und die Fotos im Duo-Ton

Ja aber, das ist doch nur ein Entwurf, das wollen die doch nicht so lassen? Ich meine, das schaut irgendwie billig aus, primitiv, auf Hochglanzpapier mit Vierfarbendruck hätte das doch ein ganz anderes Gesicht.

Hochglanzpapier? Herr Bürgermeister, ich glaube, wir sollten vielleicht noch einmal über die Zielgruppe reden.

Litschau

Peter Härtling: Zwettl

Peter Härtling hat ein Buch nach dem Waldviertler Ort Zwettl benannt. Dabei handelt es sich jedoch um keine touristische Charakterisierung der Bezirkshauptstadt, sondern um die »Nachprüfung einer Erinnerung«:

Die Familie Härtling verschlug es auf ihrer Flucht in den letzten Tagen des Dritten Reichs in das Auffanglager Döllersheim bei Zwettl. Härtling versucht, sich die Geschehnisse dieser turbulenten, entbehrungsreichen Zeit zu vergegenwärtigen:

Ich stand vor dem Haus. Ich war zwölf Jahre alt. Es war vor sechsundzwanzig Jahren. Vater hatte uns nach Zwettl geholt. Zwettl ist eine kleine Stadt im Waldviertel, 100 km nordwestlich von Wien, 90 km nordöstlich von Linz. Sie hatte 3500 Einwohner. Manchmal fallen mir Namen von Orten ein, die in der Nähe von Zwettl liegen: Geras, Schwarzenau, Allen[t]steig, Döllersheim, Groß-Gerungs. Vater hatte uns nach Zwettl geholt, weil von dort im Sommer die guten Marillen kamen, weil er N's kenne, weil er K. kenne, weil seine Einheit in der Nähe auf dem Truppenübungsplatz Döllersheim liege, weil die Russen sicher nicht bis Zwettl kommen würden, die Amerikaner seien näher, weil in solchen kleinen Städten die Leute hilfsbereit seien.

Er stand vor dem Haus, sah den Soldaten zu, die am Straßenrand Lastwagen beluden; die Männer sprachen leise miteinander, als fürchteten sie feindliche Zuhörer, sie lachten nicht, arbeiteten hastig; er hatte sich an die Seite der breiten Toreinfahrt gestellt und sich später auf einen hohen, schrägstehenden Randstein gesetzt,

ich habe vergessen, nachzusehen, ob es vor dem N'schen Anwesen diesen Randstein gibt. Ich bin am 26. Juli 1971, nach sechsundzwanzig Jahren, in Zwettl gewesen, bin durch die Stadt gegangen, bin im Hof gestanden, auf dem wir gespielt, auf dem Sowjetsoldaten gesungen und getanzt hatten, habe auf den Garten am Bach hinuntergeschaut, er ist jetzt verwildert und die Steintreppe gebrochen, bin auf die Altane, die Pawlatschen, hinaufgegangen, habe durch das Fenster in das Zimmer gesehen, das wir bewohnt hatten, aber ich habe nicht geprüft, ob es diesen Stein noch gibt, ob ich ihn, im Erinnern, erfinde, damit der Junge dasitzt und zusieht,

Hauptplatz in Zwettl

Wahrscheinlich hatte ihn die Großmutter hineingerufen in die Wirtsstube, Mimi N. trug das Essen auf (vielleicht haben auch Mutter oder Tante K. die Teller aus der Küche gebracht); es gab oft Waldviertler Knödel (zur Hälfte rohe Kartoffeln, zur Hälfte gekochte Kartoffeln und Mehl) mit einer undefinierbaren Soße, wir aßen sie gern, sie füllten den Magen, und als das schwarze Mehl überhand nahm, kaum mehr Kartoffeln im Teig waren, nannten wir die Knödel Bomben, sie waren hart, schwer auseinanderzureißen; während sie aßen an diesem ersten Abend, hörte er den Soldaten zu, zwischen denen der Vater saß, sie diskutierten, wie man nach Linz und über den Inn komme, die Brücke sei nicht gesprengt, in Linz würden, heißt es, die Amerikaner Halt machen, Zwettl würde an die Russen fallen, mein Vater sagte, es wird vieles geredet, es kann sein. Wir bleiben hier.

Elfriede Jelinek: Die Ausgesperrten

Österreich während des »Wirtschaftswunders«, eine Wiener Substandard-Wohnung, die der vierköpfigen Familie zu klein ist – das ist der Rahmen für Elfriede Jelineks Roman »Die Ausgesperrten«. Ausgesperrt sind die beiden halbwüchsigen Kinder, die in der spießigen Kleinbürgerwelt keine Verwirklichung finden und sich schließlich in die Brutalität flüchten werden. Aber noch wird der Schein aufrechterhalten, der kriegsversehrte Nazi-Vater plant einen klassischen Sonntagsausflug:

Obwohl Rainer noch keinen Führerschein hat, läßt ihn sein Vater ab und zu den eigenen Wagen benutzen, den sie sich gar nicht leisten können. Der Vater hat keine materielle Grundlage, sondern nur Grundsätze und ist schon einmal wegen betrügerischer Krida verurteilt worden. Er kann sich mit seinem unaufhaltsamen Abstieg nur schwer abfinden und schöpft beim kleinsten Fliegenschiß wieder Hoffnung. Er kann sich aber damit abfinden, daß sein minderjähriger Sohn ohne Führerschein fährt. Hauptsache Auto, was auch Rainers Meinung ist. Er darf aber nur fahren, wenn er den Vater fährt, nur in seltensten Ausnahmefällen für sich selber. Der Krüppel reckturnt in den Pkw hinein und wieder heraus, es ist eine komplizierte und kräfteraubende Angelegenheit, und man kommt außer Atem. Heute ist so ein Tag, da er den plötzlichen Entschluß faßt, nach Zwettl im Waldviertel zu fahren. Wegen der Gegend.

So steigen Vater und Sohn, der eine hüben, der andere drüben, der eine gelangweilt, der andere mühselig und beladen, in den Personenkraftwagen, der für vier Personen zugelassen ist (es sind aber heute nur zwei), und fahren auf einer nördlichen Ausfallstraße davon und in die Natur hinein, wo sich ein bekanntes Ausflugslokal befindet, in dem man Damenbekanntschaften machen kann, die sich zuerst allein dort befinden und oft nicht allein weggehen. Schon erheben sich sanft bewaldete Kuppen und Wiesen, Stauseen bohren sich in den Boden hinein, ein Charakteristikum dieser in einiger Ferne an die Tschechoslowakei grenzenden

Stiftskirche Zwettl

Landschaft, wo man die rauhe Luft des nachbarlichen Kommunismus schon spürt. Die Luft wird rauher, weil man ja mehr im Norden ist. Hier ist der Frühling noch nicht so weit. Es riecht nach Tannennadeln wie der Spray, den man kaufen kann, die Häuser werden spärlicher, die Wirtschaft leidet not, wie es sich für ein wirtschaftliches Notstandsgebiet gehört.

Vereinzelte Dörfer tauchen neben der Straße auf und fallen bedauernd gleich wieder hinter ihnen zurück, weil man sie nicht ausgewählt hat, um in ihnen zu speisen, sondern weil man ein anderes Dorf wählt. Zwettl ist nicht viel besser in der Qualität, wenn auch größer und an einem Stausee gelegen. Endlich taucht es auf und macht einen guten Eindruck, der oft geübt wurde, es bietet sogar ein Kloster an, das Stift Zwettl heißt und nicht besichtigt wird, weil man das einem Schwerkriegsbeschädigten nicht zumuten kann. Am Sonntag ruht das städtische Leben, und Gemütlichkeit macht sich breit. Der Vater und der Sohn essen ein gutes Schnitzerl mit Gurkensalat und trinken je ein Bier. Sie werden von einer urigen, echt ländlichen Wirtsstube umhüllt. Der Vater speanzelt bereits mit einer schwarzhaarigen drallen Höchstensmittzwanzigerin am Nebentisch, die so allein schönes Fräulein ist, und spendiert ihr eine Sachertorte mit extra viel Schlag und dazu einen Wein.

Landschaft im oberen Waldviertel

Autoren- und Quellenverzeichnis

Peter Altenberg (eig. Richard Engländer): 1859 (Wien) – 1919 (ebd.). Bohemien und »Kaffeehausliterat« im Wien des Fin de siècle, häufige krankheitsbedingte Kuraufenthalte in den Wien umgebenden Sommerfrischen. Ein Meister der Prosaskizze und Aphoristik. Peter Altenberg: Wiener Geschichten. Frankfurt/M. 1995, S. 77–78.

Peter Altenberg: Im Jänner, auf dem Semmering. In: Ders.: Semmering 1912. Berlin 1913, S. 53.

H. C. (Hans Carl) **Artmann:** geb. 1921 (Wien). In den fünfziger Jahren Mitglied der »Wiener Gruppe«, ansonsten ein nicht einordenbares, ungemein vielseitiges, vornehmlich lyrisches Œuvre. Wie wenige beherrscht er in seiner sprachgewandten Poesie die Kombination verschiedener Umgangssprachen, Stile, Gattungen und Epochen – mit einem Hang zum Skurrilen, Surrealen und zur Parodie.
H. C. Artmann: (Handschriftlicher) Brief. In: MERIAN, H. 9/XIX. Jg. (1966), S. 66, © H. C. Artmann

Wystan Hugh Auden: 1907 (York/England) – 1973 (Wien). Studierte in Oxford, wo er zum Wortführer der radikalen »Pylon Poets« wurde. Nahm am Spanischen Bürgerkrieg teil, 1939 Übersiedlung nach New York; während des Zweiten Weltkrieges Hinwendung zu christlich-religiösen Themen.
W. H. Auden: Poems. Kirchstettner Gedichte. St. Pölten, Wien 1983, S. 132–135. © by W. H. Auden, für die deutsche Übersetzung © Johannes W. Paul

Heimito von Doderer: 1896 (Weidlingau b. Wien) – 1966 (Wien). Nach abgeschlossenem Geschichtswissenschaftsstudium seit Mitte der zwanziger Jahre Schriftsteller, zählt zu den wichtigsten Romanciers Österreichs; Schöpfer umfangreicher Romane (u. a. »Die Strudlhofstiege«, »Die Dämonen«) mit großem Zeitpanorama und vielschichtigem Personal, die sich durch hohe Kompositionskunst und feine Ironie auszeichnen.
Heimito von Doderer: Die Wasserfälle von Slunj. München 1971, S. 10–11. © 1963 C. H. Beck'sche Verlagsbuchhandlung München

Albert Drach: 1902 (Wien) – 1995 (Mödling). Rechtsanwalt in Wien, 1938 Emigration nach Nizza, entkam der Auslieferung, seit 1947 Rechtsanwalt in

Mödling. Autodidakt und Außenseiter, beschreibt in »kakanischer Kanzleisprache« Zeitmächte und Schicksale sog. kleiner Leute.
Albert Drach: Lunz. In: Senta Ziegler (Hg.): Ort der Handlung: Niederösterreich. St. Pölten, Wien 1981, S. 40. © Gerty Drach.

Gerhard Fritsch: 1924 (Wien) – 1969 (Wien). Bibliothekar, Verlagslektor, Redakteur, Herausgeber. Lyriker und Romancier, mit seinem Roman »Fasching«, der wenig gemein mit dem angeführten »Moos auf den Steinen« hat, ein scharfer Kritiker der politischen Restauration Österreichs nach dem Dritten Reich.
Gerhard Fritsch: Moos auf den Steinen. Salzburg 1952, S. 5, 14–15.
© Georg Fritsch.

Gertrud Fussenegger: geb. 1912 (Pilsen). Kindheit in Böhmen, von 1921 an in Tirol, seit 1960 in Leonding bei Linz. Eine realistische Erzählerin in traditionellen Formen, Beginn mit Geschichtsromanen, im weiteren Gesellschaftsromane über menschliche Grundprobleme mit starkem Symbolgehalt.
Gertrud Fussenegger: Das große Ensemble: Die Wachau. In: Die Donau. Stuttgart 1981, S. 151–154. ©
1981 Deutsche Verlags-Anstalt GmbH, Stuttgart

Karl-Markus Gauß: geb. 1954. Lebt als Essayist, Literaturkritiker und Herausgeber in Salzburg. Er hat mehrere Bücher zur Literatur Mittel- und Osteuropas verfaßt, zuletzt eine kritische Bestandsaufnahme zur Entwicklung Gesamteuropas (»Das europäische Alphabet«).
Karl-Markus Gauß: Die Lehre der Donau. In: Inge Morath, Karl-Markus Gauß: Donau. © Otto Müller Verlag, Salzburg 1995.

Rüdiger Görner: geb. 1957 (Rottweil/Neckar). Er lebt in London, wo er an der Aston University Neuere deutsche Kulturgeschichte lehrt ein Interessensschwerpunkt seiner Arbeit ist die Musikgeschichte.
Rüdiger Görner: Badener Etüden. Wien 1992, S. 7–9. © Deuticke, Wien-München.

Franz Grillparzer: 1791 (Wien) – 1872 (ebd.). Brotberuf eines Beamten in der Hofkammer, nebenbei Theaterdichter des Burgtheaters, tiefer Melancholiker. In seinen Dramen Vereinigung österr. und spanischer Barocktradition und Romantik mit klassizistischem Dramenbau zu einem genuinen Stil, den man als Anschluß Österreichs an die Weimarer Klassik sehen kann.
Franz Grillparzer: Brief an die Mutter. In: Werke. 3. Abtlg., 1. Bd., Briefe und Dokumente. Wien, Leipzig 1913, S. 19–20.

Robert Hamerling: 1830 (Kirchberg am Walde) – 1889 (Graz). Studium in Wien, Lehrer für klassische Sprachen in Wien, Triest und Graz; Lyriker und Epiker. Er will mit seinem Werk ein Künder des »Reichs des Schönen« sein. Dabei entsteht in einem bereits zu seiner Zeit antiquierten Sprachstil viel Epigonenhaftes. Dennoch läßt sich von einer »unübersehbaren Modernität der psychologischen Durchdringung seiner Figuren« (Andraschek-Holzer) sprechen.
Robert Hamerling: Die schönste Gegend der Erde. Ein Separat-Votum. Wien 1938, S. 7–9.

Peter Härtling: geb. 1933 (Chemnitz). Seit den Fünfzigern journalistische Tätigkeit, von 1967–1973 Verlagslektor, danach freier Schriftsteller. 1959 erscheint sein erster Roman (»Im Schein des Kometen«), ein »Nachzügler« der Heimkehrerliteratur. Neben dem Thema der Bewältigung des Krieges sind es immer wieder Künstler- und Dichterfiguren (z.B. Lenau, Hölderlin), denen er nachforscht und -schreibt.
Peter Härtling: Zwettl. Nachprüfung einer Erinnerung. Darmstadt, Neuwied 1982, S. 5–6, 8. © 1997 by Kiepenheuer & Witsch, Köln.

Josef Haslinger: geb. 1955 (Zwettl). Studium der Philosophie, Theaterwissenschaft und Germanistik in Wien. Schriftstellerischer Beginn in »realistischer« Schreibweise, seit den Achtzigern auch als Essayist tätig, zunehmend fiktiveres Schreiben, sein Romanerstling »Opernball« (1995) wurde zu einem großen Erfolg. Lehrtätigkeit an der Universität Leipzig.
Josef Haslinger: Der Tod des Kleinhäuslers Ignaz Hajek. Darmstadt, Neuwied 1985, S. 9–12. © Josef Haslinger.

Heinrich Heine: 1797 (Düsseldorf) – 1856 (Paris). Abgeschlossenes Jura-Studium, zeitlebens rege Reisetätigkeit. Bedeutendster deutscher Lyriker zwischen Romantik und Realismus, in seinem Werk ist die Zerissenheit dieser Übergangszeit bemerkbar; neben Melancholie, Schwermut und Sentimentalität tritt bei ihm Spott und Ironie.
Heinrich Heine: König Richard. In: Werke und Briefe. Berlin, Weimar 1980. Bd. 2, S. 40.

Zbigniew Herbert: geb. 1924 (Lwow/Lemberg). Studium in Polen, seit den 60ern längere Auslandsaufenthalte, ab 1981 in Warschau. Essayist, Dramatiker, bekannt vor allem als Lyriker. Intuitive, sprachgenaue, aber nicht formstrenge Gedichte, die oft den schmalen Grad zwischen Realem und Irrealem ausloten.
Zbigniew Herbert: »An Mark Aurel« aus: Inschrift. Hg. u. übers. v. Karl Dedecius. S. 22–23. © Suhrkamp, Frankfurt/M. 1967.

Paulus Hochgatterer: geb. 1961 (Amstetten). Lebt als Arzt und Psychoanalytiker in Wien. Mit dem Roman »Über die Chirurgie« und Erzählungen (»Die Nystensche Regel«, 1995) legte er vielbeachtete Beweise seiner originären und originellen Sprach- und Erzählwelt vor.
Paulus Hochgatterer: Über die Chirurgie. Roman. Wien 1993, S. 5–6. © Deuticke Wien-München.

Elfriede Jelinek: geb. 1946 (Mürzzuschlag). Musikalische Ausbildung, verschiedene Studien, zugleich starkes politisches Engagement, lebt heute zurückgezogen in Wien und München. Ihre Romane und Theaterstücke bestehen aus Gesellschaftsbildern, die z.T. in eine krasse Negativität gezogen sind, und bestechen durch ihre satirische, kalauernde »Sprachmaschinerie«.
Elfriede Jelinek: Die Ausgesperrten. S. 142-150. © 1980 by Rowohlt Verlag GmbH, Reinbek.

Franz Kafka: 1883 (Prag) – 1924 (Kierling b. Klosterneuburg). Der einzelgängerische, 1922 aus Krankheitsgründen frühpensionierte Versicherungsangestellte gehört zweifelsfrei zu den größten und mit seinem Werk einflußreichsten deutschsprachigen Erzählern unseres Jahrhunderts. Er war ein monomanischer Schreiber, der sich auch durch seine Krankheit nicht vom Arbeiten abhalten lassen wollte, in den letzten Wochen in Kierling versuchte er, Korrekturen am »Hungerkünstler« anzubringen.
Franz Kafka: Briefe an die Eltern aus den Jahren 1922–1924. Hg. v. Josef Cermák u. Martin Svatos. Frankfurt 1990, S. 80–83. Der Brief ist undatiert und unvollendet, die Herausgeber halten aber die Abfassung am 2. 6. 1924 für sehr wahrscheinlich.

Karl Kraus: 1874 (Jintschin/Böhmen) – 1936 (Wien). Beginn als Journalist, ab 1899 Herausgeber der Zeitschrift »Die Fackel«, in der er sich als sprachmächtiger, kompromißloser Zeit- und Kulturkritiker betätigte. Als höchste Instanz galt für ihn die Reinheit der Sprache, gekünstelter Stil, Phrasen und Lügen waren Ziel seiner Satiren und Polemiken.
Karl Kraus: Die letzten Tage der Menschheit. S. 247–248. © Suhrkamp Verlag, Frankfurt am Main 1986.

Arthur Krupp: 1856 (Berndorf) – 1938 (Berndorf). Sproß der Essener Eisen- und Stahl-Dynastie; sein Vater Hermann übersiedelte 1850 nach Berndorf, um die sieben Jahre zuvor von seinem Bruder Alfred mitbegründete »K. K. PRIV. Metallwarenfabrik« zu leiten. Nach dem Tod des Vaters 1879 mußte der erst 23jährige Arthur die Fabrik übernehmen. Durch sein Engagement für Siedlungsbau und Infrastruktur drückte er Berndorf seinen ästhetischen Stempel auf.

Arthur Krupp: Rede an die Schulkinder. Typoskript im Besitz des Kulturamtes Berndorf, Abdruck mit freundlicher Genehmigung von Adolf Engels.

Nikolaus Lenau (eig. Nikolaus Niembsch von Strehlenau): 1802 (Csatád/Ungarn) – 1850 (Wien). Versch., unabgeschl. Studien in Wien und Preßburg, Anschluß zu Dichterkreisen in Wien und Stuttgart, ruheloses Leben, 1844 geistiger Zusammenbruch. Spätromantischer Dichter mit tiefem Naturgefühl, das er mit eigenen, meist schwermütigen Stimmungen verknüpft, »neben Leopardi und Byron der 3. große Dichter des Weltschmerzes« (Wilpert).
Nikolaus Lenau: Schilflieder. In: Werke und Briefe, Bd. 1. Wien 1995, S. 41–43.

Claudio Magris: geb. 1939 (Triest). Professor für deutsche Literatur in Triest, ein großer Kenner der mitteleuropäischen Literatur. Bekannt geworden durch sein Werk »Der habsburgische Mythos in der österreichischen Literatur«. Neben der Literaturwissenschaft auch rege schriftstellerische Tätigkeit.
Claudio Magris: Donau. Biographie eines Flusses. S. 182–183. © 1988 Carl Hanser Verlag, München-Wien. 1996 erschienen bei Paul Zsolnay Verlag Wien.

Friederike Mayröcker: geb. 1924 (Wien). Seit 1946 Englischlehrerin in Wien, später beurlaubt, erste Veröffentlichungen ab 1946. Hörspiele, Lyrik, Prosa verschiedenster Länge, schwer einordenbare Dichtung mit einer Nähe zum Experimentellen, Beeinflussung durch Surrealismus und Dadaismus; in den Texten ein minutiöses Aufspüren und Nachschreiben von Denkvorgängen, Träumen, Erinnerungen etc.
Friederike Mayröcker: WÄSCHE, SELIG GEMACHT. In: Magische Blätter. 1983, S. 91–92. © Suhrkamp Verlag Frankfurt am Main 1983.

Robert Menasse: geb. 1954 (Wien). Von 1981–1987 Gastdozent für Literaturtheorie in Sao Paolo, lebt seit 1988 hauptsächlich in Wien. In seinen Essays ein scharfer Kritiker und Analytiker der statischen Strukturen im Nachkriegsösterreich; »Schubumkehr« stellt den dritten und abschließenden Roman einer an Hegel orientierten »Trilogie der Entgeisterung« dar.
Robert Menasse: Schubumkehr. Salzburg 1995, S. 131, 133, 140. © Suhrkamp Frankfurt am Main, 1996.

Josef Misson: 1803 (Mühlbach) – 1875 (Wien). Lehrer, Priester und Bibliothekar in Horn und Krems. In der regionalen Literaturgeschichtsschreibung taucht er stets als »der bedeutendste Mundartdichter Niederösterreichs« auf.
Josef Misson: Da Naz, a niederösterreichischer Bauernbui geht in d'Fremd. Horn 1975, S. 38–39.

Eduard Mörike: 1804 (Ludwigsburg) – 1875 (Stuttgart). Vikar, später Pfarrer in versch. Gemeinden, ab 1851 Lehrer für Literatur in Stuttgart. »Hauptvertreter des schwäbischen Biedermeier« (Wilpert), gefühlsbetonte, musikalische Lyrik. Als Erzähler am erfolgreichsten im spielerischen Märchen und der Novelle.
Eduard Mörike: Mozart auf der Reise nach Prag. Stuttgart 1987, S. 3–6.

Robert Musil: 1880 (Klagenfurt) – 1942 (Genf). Ausbildung zum Ingenieur, dann Philosophie-, Psychologie- und Mathematik-Studium. Beamter, ab 1922 freier Schriftsteller und Kritiker, starb nach der Emigration unbeachtet und mittellos in Genf. Schuf mit seinem unvollendeten Opus magnum »Der Mann ohne Eigenschaften« eine bestechende Analyse der untergehenden Donaumonarchie und ein in seiner Ästhetik um eine zeitgemäße Romanform bemühtes, wirkungsreiches Werk.
Robert Musil: Tagebücher. Reinbek 1976, S. 86; Robert Musil: Briefe 1901–1942. Reinbek 1981, S. 725. © 1978 by Rowohlt Verlag GmbH, Reinbek.

Franz Nabl: 1883 (Lautschin/Böhmen) – 1974 (Graz). Studium in Wien, seit 1934 freier Schriftsteller in Graz. In vielen Belangen der Tradition des 19. Jahrhunderts verhaftet, ein Prosaist voll sprachlicher Dezenz, die Inhalte – vornehmlich Familien- und Gesellschaftskrisen – aber oft von herbem Realismus.
Franz Nabl: Voralpen. In: Ders.: Rasenstück. Graz 1953, S. 145-148. © Franz-Nabl-Institut.

Hermann Nitsch: geb. 1938 (Wien). Bildender Künstler, einer der wichtigsten Vertreter des »Wiener Aktionismus«, der sich die Umsetzung seines »Orgien Mysterien Theaters« durch »Aktionen« zur Lebensaufgabe gemacht hat. Dafür zieht er die christliche Glaubenslehre, liturgische und kultische Bräuche und den dionysischen Kult der Antike als Quellen heran.
Hermann Nitsch: Behauptungen und Beschreibungen zum Projekt des Orgien Mysterien Theaters (Ordensregeln). Bebildert von Günter Brus. Hg. v. Arnney Meinert. Altona, Hohengebraching 1981. © Das Hohe Gebrechen.

Paula von Preradović: 1887 (Wien) – 1951 (ebd.). Erziehung bei den Englischen Fräulein in St. Pölten, seit 1914 in Wien. Natur- und landschaftsverbundene Erzählerin und formstrenge Lyrikerin, ihr Werk ist durch die enge Bindung an die katholische Glaubenswelt geprägt.
Paula von Preradović: Sonett auf das Sankt-Pöltener Land. In: Gesammelte Werke. Wien 1967, S. 147. © Ernst Molden.

Reinhard Priessnitz: 1945 (Wien) – 1985 (ebd.). Redakteur bei versch. Zeitschriften, Verlagslektor. Vertreter einer »zweiten Generation« experimenteller Dichter in Österreich, nach dem »Metaphernverbot« z.B. der Konkreten Poesie Besinnung auf zutiefst Lyrisches und zugleich Miteinbeziehung des »Materialcharakters« von Sprache.
Reinhard Priessnitz: Der Lehrer Wittgenstein. In: VER SACRUM. Wien 1971, S. 40-41. Abdruck mit freundlicher Genehmigung von Ferdinand Schmatz.

Ferdinand Raimund: 1790 (Wien) – 1836 (Pottenstein). Bereits mit 18 Jahren Schauspieler bei einer Wandertruppe, führte er bald selbst Regie und stieg bis zum Theaterdirektor auf. Seine Bedeutung besteht in der Zusammenführung verschiedener Traditionen (Volksposse, romantischer Realismus, Zauber- und Märchenelemente) zu unverwechselbaren, überzeitlichen Bühnendichtungen des Wiener Volksstücks.
Ferdinand Raimund: An Gutenstein. In: Gustav Pichler (Hg.): Der unbekannte Raimund. Gedichte, Tagebuchblätter, Szenen und Briefe. Wien 1962, S. 32–35.

Peter Rosegger: 1843 (Alpl b. Krieglach) – 1918 (Krieglach). Aus ärmlichen bäuerlichen Verhältnissen kommend, konnte er sich nach verschiedenen Ausbildungen in den 1870ern in Graz etablieren und wurde mit seinen volkstümlichen, heimatverbundenen und gemütvollen Werken bald zu einer steirischen Berühmtheit. Rosegger dürfte immer noch einer der allgemein bekanntesten und vielgelesensten Schriftsteller Österreichs sein.
Peter Rosegger: Als ich das erstemal auf dem Dampfwagen saß. In: Ders.: Waldheimat. Leipzig 1917, S. 220–224.
Peter Rosegger: Die neue Sommerfrische auf dem Semmering. In: Heimgarten, Jg. VI. (Graz, 1882), S. 840–844.

Reinhold Schneider: 1903 (Baden-Baden) – 1958 (Freiburg/Br.). Vielgereister Schriftsteller mit christlich-humanistischem Traditionsbewußtsein, während des Dritten Reiches ein wichtiger Vertreter des geistig-ethischen Widerstandes; sein umfangreiches Werk beschäftigt sich mit dem christlichen Dasein, mit ethischen, kulturphilosophischen Zeitproblemen unter ständigem Rückgriff auf Vergleichbares in der Geschichte.
Reinhold Schneider: Winter in Wien. Aus meinen Notizbüchern 1957/58. Wien, Freiburg i. Br. 1958, S. 145. © Verlag Herder, Freiburg.

Arthur Schnitzler: 1862 (Wien) – 1931 (ebd.). Nach anfänglicher Tätigkeit als Arzt feierte er seit den 1890ern Erfolge als Dramatiker. Mit großer psychologischer Beobachtungsgabe und voller Ironie stellt er die dekadente großbürgerliche Gesellschaft des Wiener Fin de siècle auf der Bühne bloß; Bedeutung

auch als Erzähler, etwa durch die frühe Anwendung des inneren Monologs (»Leutnant Gustl«).
Arthur Schnitzler: Das weite Land. Tragikomödie. In: Gesammelte Werke. Die dramatischen Werke 2, 62–64. © S. Fischer Verlag GmbH, Frankfurt am Main 1962.

Friedrich Anton von Schönholz: 1801 (Wien) – ?? Schriftsteller und Historienschreiber, versch. Brotberufe. Ein Tausendsassa, dessen genaue Lebensumstände im Dunklen liegen und der an seiner Biographie eifrig herumbastelte: So wie sein Adelstitel kein echter war, so muß man anzweifeln, daß er mit 13 Jahren tatsächlich bei der Verfolgung Grasels dabei war.
Friedrich Anton von Schönholz: Traditionen zur Charakteristik Österreichs, seines Staats- und Volkslebens unter Franz I. München 1914, S. 156–159.

Johann August Schultes: 1773 (Wien) – 1831 (Landshut). Ausgebildeter Arzt, betrieb botanische Studien, rege schriftstellerische und herausgeberische Tätigkeit. 1806 Professur für Chemie und Botanik in Krakau, ab 1808 in Landhut/Bayern; er unternahm zahlreiche »Expeditionen« durch ganz Österreich und Süddeutschland (z. B. »Reise auf den Glockner«, 1806).
Johann August Schultes: Ausflüge nach dem Schneeberge in Unterösterreich. Wien: Degen 1802, S. 182–183.

Julian (vormals Jutta) **Schutting**: geb. 1937 (Amstetten). Studium der Germanistik und Geschichte in Wien, Beginn als Lyrikerin, 1973 erster Gedichtband, später auch Prosa. Dichter von hoher Sensibilität bei gleichzeitigem starkem Hang zur (Selbst-)Reflexion.
Jutta Schutting: Reisefieber. Erzählungen. Salzburg 1988, S. 5. © 1988 Residenz Verlag, Salzburg und Wien.

Johann August Seume: 1763 (Poserna b. Weißenfels) – 1810 (Teplitz/Böhmen). Nach abenteuerlichen Jugendjahren vor allem als Sprachlehrer in Sachsen tätig; in allen Gattungen dichtend, erlangte er Bedeutung als Verfasser kulturhistorisch wichtiger Memoiren und Reiseschilderungen, ein genauer Beobachter der Verhältnisse in den bereisten Ländern.
Johann Gottfried Seume: Spaziergang nach Syrakus. Frankfurt 1980, S. 53–56.

Frances Trollope: 1780 (Stapleton/Bristol) – 1863 (Florenz). Tochter eines Landvikars und Anwaltsgattin, nach dem finanziellen Ruin der Familie Auswanderung nach Amerika. 1831 Rückkehr nach England, politisches Engagement für die Konservativen, von da an schriftstellerische Fortüne, ausgedehnte Reisen durch ganz Europa.
Frances Trollope: Briefe aus der Kaiserstadt. Frankfurt 1980, S. 126–127.

Alois Vogel: geb. 1922 (Wien). Studium der Malerei in Wien, verschiedene Brotberufe, seit 1960 freier Schriftsteller. Herausgebertätigkeit und Redakteur versch. Literaturzeitschriften, schreibt in allen Gattungen, ist aber vor allem für seine Lyrik bekannt.
Alois Vogel: Pulkauer Aufzeichnungen. St. Pölten, Wien 1986, S. 69.

Josef Weinheber: 1892 (Wien) – 1945 (Kirchstetten). Mühevolle autodidaktische Bildung, seit 1932 freier Schriftsteller. Vielseitiger Lyriker mit hoher Form- und Sprachkunst, von leidenschaftlicher Gedankenlyrik über idyllische Landschaftsgemälde bis hin zu Mundartgedichten, Anknüpfung an klassisches Bildungserlebnis und humanistische Tradition.
Josef Weinheber: Kirchstetten. In: Das große Josef-Weinheber-Hausbuch. Wien 1995, S. 247–248.

Adressen und Hinweise

Der Semmering und sein Umland

Hotel Panhans

Hochstraße 38, A-2680 Semmering, Tel. 02664/8181, Fax 8181513

Südbahnhotel

wird derzeit renoviert, geplante Eröffnung 1999

Bahnwanderweg

Ausgangspunkt: Bahnhof Semmering
Endpunkte: entweder Bahnhof Gloggnitz (23 km)
oder Bahnhof Payerbach (21 km)

Am Bahnhof Semmering befindet sich ein Denkmal für Carl Ritter von Ghega und in einem Triebwagen wurde dem Erbauer der Semmeringbahn ein kleines Museum eingerichtet. Dort erhält man u.a. den Bahnwanderweg-Prospekt.

Wittgenstein-Museum

Trattenbach, Anmeldung beim Gemeindeamt, Tel. 02641/8220

Wittgenstein-Wanderweg

Ausgangspunkt: Spar-Kaufhaus Trattenbach; Endpunkt: Trahthof; unterwegs Holztafeln mit Wittgenstein-Aphorismen

Kurtheater Reichenau

Ein traditionelles Sommertheater mit Schwerpunkt auf jenen Autoren wie Schnitzler, die am Semmering Gäste waren.
Tel. 02665/319 (Festspiele Reichenau) od. 02666/2528 (Kartenbüro)

Kuranstalt Thalhof

Reichenau, Tel. 02666/2202 od. 2401

Schneebergbahn

Puchberg am Schneeberg, Saisonbetrieb von Ende April bis Anfang November
Auskunft Tel. 02636/2225-0, Fahrzeit ca. 1 Stunde

Allgemeine Informationen

Tourismusregion Niederösterreich-Süd-Alpin; A-2680 Semmering, Paßhöhe
Tel.02664/2539, Fax 02664/2335.

Der Wienerwald

Raimund-Gedenkstätte

Gutenstein, Hauptstraße 21, 1.5.-1.11. Sa, So u. Fei 10–12 u. 14–17 od. Anmeldung über die Gästeinformation, Tel. 02634/222 (Mo, Mi, Sa 8-11 Uhr, Fr 14-17 Uhr) od. /220 (Gemeindeamt)

Mariahilfberg

Wallfahrtsberg und Servitenkloster, über Straße und Gehweg von Gutenstein erreichbar

Museum Berndorf

Neugasse 11, Sa 9–12 od. Anmeldung beim Gemeindeamt, Tel. 02672/82253

Schulen in Berndorf

Margaretenplatz 3, an Unterrichtstagen 13.30–17, So u. Fei sowie in den Ferien 8.30–12 u. 13–17

Touristeninformation: Karl-Kieslinger-Platz 2-3, Tel. 02672/82253

Beethovenhaus

Baden, Rathausgasse 10, Di–So 16–18, Sa, So u. Fei zusätzl. 9–11; Tel. 02252/86800-231 (Kulturamt)

Albert-Drach-Gedenkstätte

Mödling, Hauptstraße 44, Tel. 02236/26145

Franz-Kafka-Gedenkraum

Kierling, Kierlinger Hauptstraße 187, Mo–Sa 8–12 u. 13–17, bei Fam. Rester od. Dunay läuten; Führungen bei Dir. Winkler, Tel. 02243/87168

Allgemeine Informationen

Tourismusregion Wienerwald, A-3002 Purkersdorf, Hauptplatz 11
Tel. 02231/(6)2176, Fax (6) 5510.

Entlang der Westbahn und in die Voralpen

Weinheber-Haus

Kirchstetten 28, nur nach Anmeldung, Tel. 02743/8989

Auden-Haus

Kirchstetten, Hinterholz 6, Anmeldung beim Gemeindeamt, Tel. 02743/8206

Allgemeine Informationen
Tourismusregion Mostviertel, A-3250 Wieselburg, Volksfestplatz 3
Tel. 07416/521910, Fax 07416/53087

Die Donau

Carnuntum
Archäologischer Park, Hauptstraße 296, April–Oktober tägl. 9–17, Anmeldung unter Tel. 02163/33770, Fax 33775.
Internet:http://www.carnuntum.co.at/ e-mail:info@carnuntum.co.at

Marchfeld
Die Marchfeldschlösser sind von April bis Anfang November geöffnet.
A-2294 Schloßhof, Tel und Fax. 02285/6580

Allgemeine Information
Tourismusregion Wachau-Nibelungengau, A-3500 Krems an der Donau, Undstraße 6
Tel. 02732/85620, Fax 87471.
Tourismusregion March-Donauland, A-2404 Petronell-Carnuntum, Hauptstraße 296, Tel. 02163/3555, Fax 3556.

Das Weinviertel

Lenau-Archiv
Stockerau, Anmeldung beim Kulturamt Stockerau, Tel. 02266/595-12
Lenau-Zimmer im Bezirksmuseum
Stockerau, Sa 15–17, Sa u. Fei 9–11 bzw. Anmeldung, Tel. 02266/65188

Mission-Gedenkstätte / Geburtshaus
Mühlbach am Manhartsberg, Tel. 02957/344, Anmeldung bei Herrn Sohm, Tel. 02957/271

Schloß Prinzendorf
Prinzendorf an der Zaya. Hermann Nitsch plant im August 1998 das erste, durchgehende Sechs-Tage-Spiel seines »Orgien Mysterien Theaters« auf Schloß Prinzendorf. Eine gewisse Anzahl an Teilnehmern ist zugelassen.
Prof. Hermann Nitsch, Schloß 1, A-2185 Prinzendorf

Allgemeine Informationen
Tourismusregion Weinviertel, A-2170 Poysdorf, Liechtensteinstraße 1, Tel.02552/3515, Fax 3715.

Das Waldviertel

Robert-Hamerling-Stiftungshaus
Kirchberg am Walde, Mo–Fr während der Amtsstunden des Gemeindeamtes, Tel. 02854/284 bzw. Anmeldung bei Herrn Peter, Tel. 02854/249

Robert-Hamerling-Wanderweg
Ausgangspunkt in Schweiggers, insges. 60 km, streift alle Orte, die Hamerling je aufgesucht hat. Information: Gemeindeamt Schweiggers, Tel. 02829/8234

Grillparzer-Gedächtnisausstellung
Schloß Greillenstein, tägl. von April bis Ende Oktober, Anmeldung Tel. 02989/8200-0 oder 8216-0.

Allgemeine Informationen
Tourismusregion Waldviertel, A-3910 Zwettl, Hamerlingstraße 2, Tel. 02822/54109.

Zentrale Informationsstelle für Niederösterreich
Niederösterreich Touristik Information, Walfischgasse 6, A-1010 Wien, Tel. 0222/5138022-0, Fax. 5138022-31
Internet: www.noe.co.at
Internet: Niederösterreichische Landesregierung www.noel.zu.at

Wir danken

Austrian Airlines, Bundeskanzleramt – Kunstsektion, Dietmar Grieser, Gerhard Tötschinger, Elke Krasny, Cathrine Tessmar-Pfohl, Herbert Pohl, Arnd Wesemann, Alexandra Millner, Niederösterreichische Landesregierung / Abt. Kultur und Wissenschaft, Niederösterreich-Werbung GmbH, Thomas Eder

Die Deutsche Bibliothek – CIP-Einheitsaufnahme

Higgs, Barbara:
Wegen der Gegend : literarische Reisen durch Niederösterreich /
Barbara Higgs ; Wolfgang Straub. – Frankfurt am Main : Eichborn, 1997
ISBN 3-8218-0566-8

Umschlaggestaltung: Christina Hucke
unter Verwendung eines Fotos von Jo Pesendorfer
Lektorat: Georg Simader / Waldemar Thomas
Satz: Fuldaer Verlagsanstalt GmbH, Fulda
Druck und Bindung: Wiener Verlag, Himberg
ISBN 3-8218-0566-8

Verlagsverzeichnis schickt gern:
Eichborn Verlag, Kaiserstraße 66, D-60329 Frankfurt am Main
http://www.eichborn.de

E52

TSCHECHIEN
Oberösterreich
Haugschlag
Herrensee
Litschau
Waldkirchen
Dobersberg
Drosendorf-Zissersdorf
Alt Nagelberg
Heidenreichstein
Raabs a.d.Th.
Schrems
Gmünd
Hoheneich
Kirchberg am Walde
Moorbad Harbach
Weitra
WALDVIERTEL
Allensteig
Pölla
Greillenstein
Stausee Ottenstein
Bad-Großpertholz
Rosenau
Zwettl
Ottenstein
Krumau a.K.
Rastenfeld
Langschlag
Groß-Gerungs
Rappottenstein
Kaltenbrunn
Gföhl
Lengenfeld
Senftenberg
Arbesbach
Martinsberg
Krems a.d.D.
Dürnstein
NIBELUNGENGAU
Weißenkirchen
Rossatz
Bärnkopf
Mühldorf
Spitz
Furth b. Göttweig
Aggsbach Markt
Aggsbach
Laimbach
Pöggstall
Yspertal
Maria Laach a. Jauerling
Artstetten-Pöbring
Emmersdorf
Schönbühel
Münichreith
Maria Taferl
Marbach
Melk
St.Pölten
Persenbeug-Gottsdorf
Pöchlarn
Donau
Salzburg - München <
Ardagger
Ybbs a.D.
Schallaburg
A1
St.Valentin
Wallsee-Sindelburg
Amstetten
Haag
Tierpark
Wieselburg
Euratsfeld
Ferschnitz
Neuhofen a.d.Y.
Steinakirchen
Purgstall
Texingtal
Kirchberg a.d.P.
Seitenstetten
VORALPEN
Scheibbs
Loich
Sonntagberg
Gresten
Kulturpark NÖ Eisenstraße
Frankenfels
Gaming
Waidhofen a.d.Y.
Türnitz
Opponitz
Lunz a.S.
Lackenhof
Annaberg
Eibl 1002 m
Ötscher 1893 m
Fadental
Lunzer See
St.Georgen a.R.
Gemeindealpe 1626 m
Erlaufsee
Dürrenstein 1878 m
Hollenstein
Göstling a.d.Y.
Gamsstein 1774 m
Hochkar 1808 m
5
0
10